numata akihiro

one and only

沼田晶弘
東京学芸大学附属世田谷小学校教諭

TOYOKAN BOOKS

自分史上最高になる

〝only one〟を越えていけ――。

大人になった「キミ」へ

こんにちは。
沼田晶弘といいます。小学校の先生をしています。

ボクが生まれて初めて受けもった子どもたちは、昨年、二十歳を迎えました。
おまえらももういい大人だなー！　と、牛丼をおごってもらったのが記憶に新しいです。

いよいよこれから、社会でバリバリ活躍し始める彼らのことを思うと、最近の若い人たちの悩みとか、彼らを取り巻く現代の社会について、考えざるを得ません。

これからのビジネスパーソンにはどんなことが待ち受けているんだろう？
なるべく楽しく、居心地よく働いていくにはどんなマインドでいればいい？

ボクは毎年、「世界一のクラス」という言葉を掲げて新学期をスタートさせます。なにが「世界一」かって、その詳しい意味はもっと後にとっておきますが、これまで、大人になったときの彼らの心の拠り所になる、最高の思い出を一緒につくってきたつもりではいます。

だけどなにか、まさに「いま」の彼らに、具体的に役立つような話ができないもんかなぁ……と、もう大人になった「キミ」に、あるいはさらに何年か経ったとして、もしかしたら働くことにちょっと疲れ始めたかもしれない「キミ」に、授業をするような感覚で本を書いてみようと思います。

この本でボクが提案するあれこれは、これまでボクがタンニン――いつだってフラットな彼らとの関係性を考えると、漢字で「担任」と書くのがボクにはどうにも偉そうに思えてしまって窮屈だから、いつもカタカナで表記しています――になったクラスの大勢の子どもたちと過ごした毎日のなかからみんなで見つけた、成長する人へ贈るいろんなヒント。

ボクの授業はいつも、教師が主導して何かを教えこむという感じのものではありません。雑談しまくり。わからないことは子どもたちに教えてもらうし、なんなら、子どもたちが先生になって黒板の前に立ち授業して、ボクはずっと子どもの席に座ってその授業を受けているということも多いくらい。

だからこの本も、読んでいる人と一緒に考えていくようなスタンスにしたくて、そんな書き方を心がけてみます。

なにより、ボクはビジネスの世界で働いていません。わからないことだらけです。ましてや、教育の世界はめちゃくちゃ特殊ですから、一般的なビジネスの価値観からすると、ズレたことを言ったりもしているかもしれません。

それから、「こんな気がする」とか「こうなんじゃない？」とか、ずいぶん無責任なことも、ちょこちょこ言おうと思っています（笑）。

だから読んでいて、「いやいや、それはちがうだろ」「自分はこう思う」ということがあったら、ボクはＳＮＳもやっていますから、ぜひざっくばらんに教えてください。どんどんどん議論して、この本で言っていること以上の結論を、みんなで導き出したいと思っています。

学生時代の放課後の教室にでも戻ったつもりで、どうぞゆっくりくつろいでください。好きな席に座って。ワイワイやりましょう。

じゃあ、始めますか。

HAVE A NICE
Break
time!

CAPTAIN
連絡
9月5日
自由研究発表
Homework

contents

Theme 1.

承認欲求

みてみて欲

「満たす」ってなんのこと？

褒められたい。
認められたい。
誰かに見てもらいたい。
満たされたい。
「承認欲求」と呼ばれるものを、ボクたちはさまざまに抱えています。

ＳＮＳでの発信が当たり前になったいま、「承認欲求」はかなりホットなワードとなりました。多くの種類の承認欲求が存在するように、承認欲求を満たす手段というのもまた、いまの社会にはたくさん存在しているみたいです。

でも、ボクは思うんです。

承認欲求は、決して満たされない。

満たされた状態が100％だとして、60％から70％、70％から80％へ引き上げる努力を続けたとしても、満杯の100％になることってあり得ないんじゃないか？
たとえば、承認欲求が「前よりも満たされる」ってことはあるでしょう。だけどその短い充足の瞬間が、ずっと維持する、一生続くということはイメージしづらいですよね。

そう考えると、承認欲求を満たす道のりは山登りと似ています。
目指している山を登り切ったとき、人はなにを思うでしょうか。「やったー！」という達成感と、素晴らしい景色に、心は満たされる。だけど、頂上から見渡してみると、あれっ？　なんだかもっと高い山が、目に入ってきます。

次は、そっちを登りたくなる。

登るまでは見えなかったけれど、高い山を苦労して登った結果、視界が開けて、より高いところが見えてくるのです。

さらに高い山を登れば、もっともっと苦労する。

その分、満たされる充足感は、いまよりもっと高まるのではないか？　だったら、さらに高い山を登ってやろう！

……なんだか、そういうことのくり返しのような気がします。


高いところへ、より高いところへ。山登りには果てがありません。

山を登った達成感はたぶん、長く定着するわけではなくて、次の山への憧れを生みます。

だから、100%の達成感の定着を求めて山を登るのは、ちょっと無茶な話かもしれません。

でも、そういうボクたちだからこそ「成長」ができる。承認欲求って、付き合い方を間違えなければ案外そんな、ポジティブな仕組みにもなっているのかもしれない。

ボクは、小学校で先生をしています。

授業をするときに大事にしているのが、子どもたちに「そもそも論」を問うこと。

「そもそも、なんで勉強するの？　これって本当に必要？」

当たり前から離れてみると、これまで見えていなかった価値が見えてくる。

だから、自分にちょっと聞いてみてください。

そもそも、ボクたちはなにを満たしたいんでしょう？

こんな「そもそも」な問いから、おそらく「正解」がないであろう問いから、ボクはこの本をスタートしようと思います。

ところで、「承認欲求」ってなんか堅くるしい表現ですね。最近ではちょっとマイナスなイメージも含んで使われているようにも思います。だけどボクは、承認欲求に、なにか「成長」にまつわるポジティブなエネルギーを感じているので、ためしに親しみを込めて……たとえば、そう「**みてみて欲**」くらいカジュアルな呼び方をさせてください。

アイスは溶ける

小学校の子どもたちにも、みてみて欲があります。

低学年のクラスを受けもったとき、かけ算の九九を覚えてもらおうと「100ます計算」ならぬ「81ます計算」をやりました。

ボクの他の本などでもたびたび紹介していますが、1から9までの数字をタテヨコ1列目に順番に並べた表（次ページの写真参照）をつくり、よーいドン！　のかけ声で、F1の音楽にのせて81のますをかけ算して埋めていくというもの。

制限時間は2分。クラスで一斉に始めて、答え合わせも子どもたち同士に任せます。全て正解した上で、解き終わるまでに2分を切った子には、「U2」（Under 2minutes）という称号が与えられます。「U2」の子は、その年の年賀状に、自分がU2の資格保持者であると、書いていいのです。

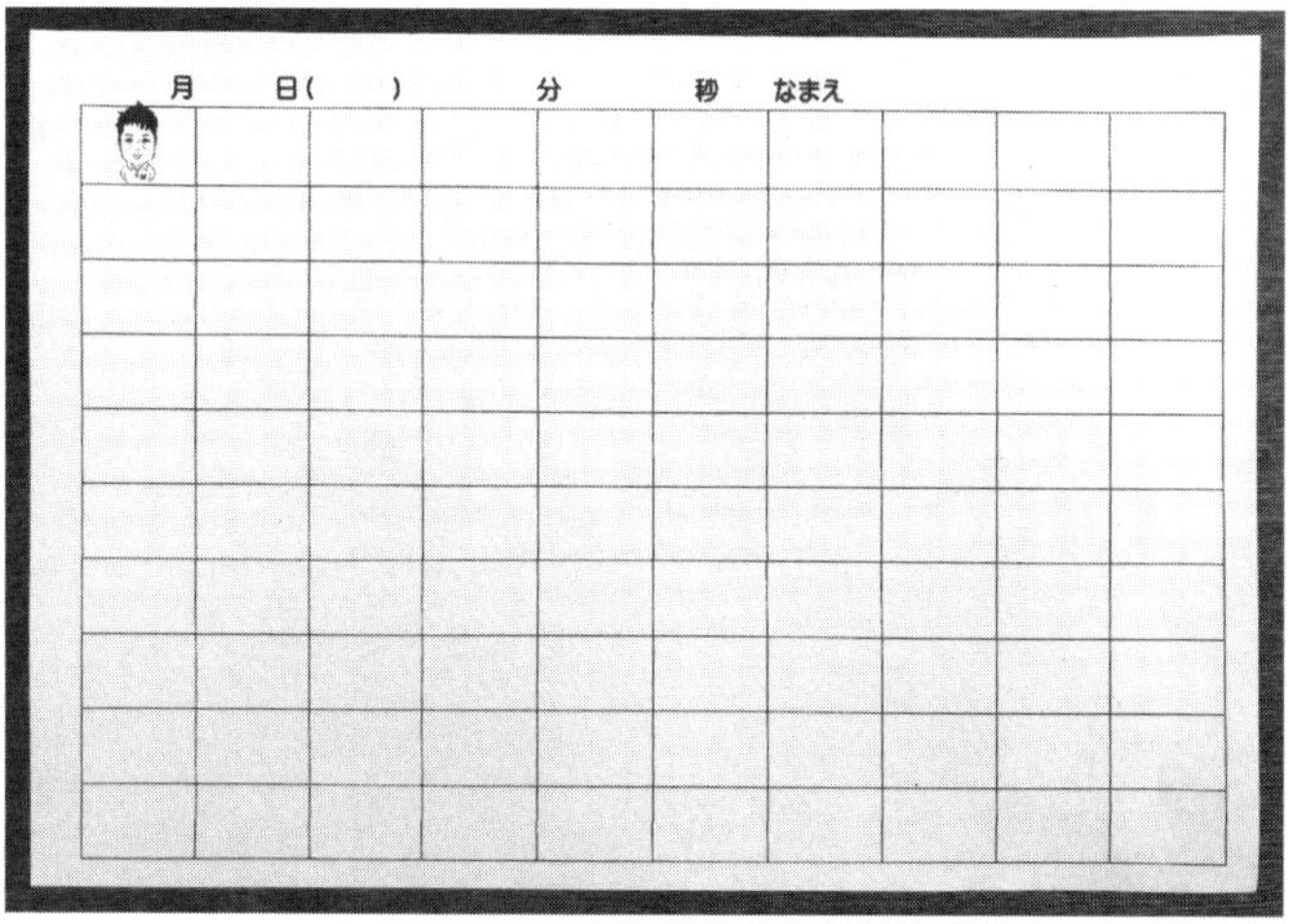

これには、子どもたちのテンションがめちゃくちゃ上がりました。

クラス全員がだいたい「U2」になると、チャレンジを「RU2」(Random Under 2minutes)というものに進化させることにしました。

タテヨコ1列目に1から9までを順番に並べるノーマルなフォーマットに対して、数字をランダムに配置した81ます計算のチャレンジが、「RU2」です。

難易度は大幅にアップ。でも子どもたちは、新たなチャレンジに、さらにやる気を出します。

ふつうは嫌われがちな九九ですが、「U

2」を取り入れたことで子どもたちは家に帰ってもずーっと九九に熱中して、保護者を驚かせたそうです。

この「U2」チャレンジをクリアする意欲も、根底にはみてみて欲があるでしょう。2分以内に解答を成功させることで、「U2」とクラスのみんなから呼んでもらえるという承認が、その子にとってはものすごく大切な報酬になる。

……しかし、実はその満足感も長くは続きません。

「U2」を得た子は、ごほうびにと、たとえば保護者にアイスクリーム屋さんへ連れて行ってもらえたりするそうです。そこで甘くておいしいアイスを食べる。これはけっこう大きな満足感です。

だけど、何度かアイスを食べたら、子どもたちはたいてい「もういい」となります。みんなから「U2」と呼んでもらえたり、保護者から褒められアイスを食べに連れて行ってもらったりするために、「U2」チャレンジをがんばっていたけれど、それらが満たされてしまうと、またそのためにがんばろう、という気持ちは起きなくなるみたいです。

「U2」の初期の頃は、達成者だけがもらえる「U2バッジ」というものを贈呈していました。獲得者は誇らしそうに、そのバッジを一日中着けていた。

しかし、やっぱり早いうちに、誰も着けなくなってしまいました。

彼らにとって、バッジを着けることに、それほど意味はなかったのです。

もちろん、着けている最中は、きっとみてみて欲が満たされていたことでしょう。

でも、得たものの輝きは短い。すぐに「**こんなものは別にどうでもいい**」という気持ちになっていきます。

いったん満足を得ると、なんと、みんな2分を切る回数が減っていきました。いったんクリアしたはずのラインをまた越えられなくなると、こんなはずじゃない！　と焦りだしてまたがんばり始めますが、もうその努力は、みてみて欲に支えられたものではなくなっています。

もっとも、タンニンのボクからすると、彼らがさらに一皮むけるためのがんばりが見られるのはむしろここから。本領発揮です。

「ごほうび」から「プライド」へ。一時的な停滞期間を経て、クラスの成長はまた盛り上がりを見せます。

このように大人も子どもも関係なく、みてみて欲は、一瞬は満たされても、その状態はアイスが溶けるみたいにしてすぐ消えてしまう。

満たされる瞬間はあるけれど、ずっと満たされ続ける状態は続かない。

これがみてみて欲の本質的な正体だと思っています。

「ちょっと満たす」のくり返し

さて、こんなふうにして毎日子どもたちと一緒に教室で学び続けてきた経験から、なんとなく感じていることがあります。

みてみて欲って、どうも「意欲」の一種なのではないか？

もちろん、専門的な見地からすると誤りがあると思うのであくまでも私見ですが、これがボクの教師としての体感です。

ちょっとマイナスイメージもあるかもしれない「承認欲求」も、人が、いまの自分とは違う力を身につけて、より高い別のステージへ行くための意欲の一種と捉えれば、なかなか素敵な感じがするんです。

そもそも100％満たされることはないから、「完全に満たすこと」を目的にするのは不毛だけれど、「みてみて」という思いが、その人が前向きに努力や工夫をすることにつながるのなら、みてみて欲にも利用価値がありそう。

満たされるために、みんな努めているけれど、本当に満たされ切ってしまったら、そこで成長もやる気も、ストップしてしまう。

つまり、**みてみて欲が残っているかぎり、ボクたちは成長し続けられる**のです。

みてみて欲を満たすために努力していると、多少なりとも満たされる瞬間があります。

先ほどのアイスやバッジですね。

仕事がウマくいってボーナスが上がったり、SNSで「いいね！」の数が増えたり、大人にとってても大なり小なりいろんなパターンが存在すると思います。そして、その「ちょっと満たす」の蓄積がさらなる意欲の引き金となり、もっと高いレベルに向けてがんばろう！　という気持ちになります。

すぐ野球でたとえるなと言われるんですが、若いプロ野球選手が、シーズン2割9分の打率を残したとき、「来年は3割打者を目指そう！」と、より高い目標を掲げているイメージです。

山登りって、とってもハードです。登っている間は、なんでこんなにしんどいんだろう……と、苦しむこともあります。

それは、山頂を見ているから。

山頂までの険しい道のりと、まだまだ遠い距離にヘコんで、心が折れてきます。山頂に行けばきっと満たされるのだろうけど、それはいつになるんだろう？　って、逃げたくなっちゃう。

でも、ちょっと振り返ってみると、どうやらけっこう登ってきたことに気づきます。

スタート地点は、はるか下の方にある。苦しくてツライことばかりだったけれど、山頂に近づいているのはたしかで、より高いところへ自力で到達できていると知ることができます。オレもけっこうやるじゃん、と。

この「振り返り」が大切です。振り返ってみると、自分でもそれなりにはできていたことに気づく。

成功体験と言ってもいいでしょう。

キーワードは、「ちょっと満たす」。

やっとここまできたんだから、もう少しがんばってみよう、という前向きな気持ちになれます。

少しだけ振り返ることで、自分の積み重ねてきた成果は、必ず確認できる。ステップアップしてきた道のりを確認することは、モチベーションアップにつながります。

満たされたほんの一瞬、褒められたり、人からのごほうびだったり、うれしいものが得られたとき、意欲はさらにふくらみます。

満たされ100%！　を最終目的とするのはオススメできませんが（満たし切れないので）、「ちょっと満たす」のくり返しは、結果的に大きな成果をもたらすでしょう。

仮説として、みてみて欲が80%くらい満足した状態が、「満たされた」のMAXなのかもしれません。20%足りない程度なら、まぁ納得もできる、という割合ではないでしょうか。

だからといって、「8割を目指して努力する」というのも、なんだか弱気な感じがしますよね？

100%を「理想像」として、努力し続けることは、間違いではありません。

だけど、どうしても現実的に「満たし『**切れない**』」分を、どのように捉えるか。ここが、前向きに山登りができるかどうかの分かれ目です。

みてみて欲のこの「**満たし切れなさ**」。ここで絶望しないために、ここから先は、みてみて欲と前向きに付き合っていくための思考法について考えていきましょう。

「みてみて欲は満たされない。でも、みてみて欲の満足を求めて努力することは成長のカギ」。

これが、ひとまずここでの結論であり、ボクなりの前提です。

デキルスパイラル

「ゾーンに入る」なんていう、おもしろい表現がありますよね。

みてみて欲というものも、いい方向に働けば、いいことが巡るスパイラルに入っていくようです。アクティブな「ゾーン」に入る。

たとえばボクは、クラス運営として、教室で立ち上がるあらゆる課題や活動を「プロジェクト」と呼び、展開させています。これもいわば、子どもたちのみてみて欲に働きかけたデザインになっています。

「プロジェクト」にはさまざまあって、それらは全部子どもたちが自ら立ち上げます。ボクがアレをやれコレをやれ、なんて言うことはありません。

たとえば小学校4年生のタンニンをしたとき、立ち上がった「KTK（漢《K》字テ《T》スト強《K》化）」のプロジェクトメンバーは、いつも「これまで習った漢字全て」を範囲にするボクの漢字テストの準備を強化するため、小学4年生前半までに習う漢字で構成された四字熟語を自ら調べてパソコンでリスト化していました。それをプリントアウトしたものを、クラスみんなに配ってテスト対策するプロジェクト、というわけです。

そんな完璧なことされたら、こっちだって燃えます（笑）。

「KTK」の他に、新聞コンクールに応募するプロジェクト「GSC（学《G》校新《S》聞コ《C》ンクールへの応募）」だとか、誰か歴史上の人物に特化して社会の授業の先生役を務める「FMT（藤《F》原道《M》長テ《T》ィーチャー）」「TKT（平《T》清《K》盛テ《T》ィーチャー）」だとか（そのクラスによって毎回いろんなプロジェクトができます）。

……なんだソレ？　という感じかもしれませんが、こういうのは呼び名もとても大事。

大人がミーティングをＭＴＧなんて略しているみたいに、子どもも、自分たちのチームだけの大人の仕事みたいな呼び名があると、より愛着も生まれるし、特別感が出ます。とにかくリアルであることが肝心なのです。

それらがシステムとして回りだすと、子どもたちは、ボクなんかがなにもしなくたって、自らどんどんプロジェクトを立ち上げて、意欲的に取り組んでいきます。

そして「プロジェクト」を熱心にやり始めると、成績まで自然に上がり始める。そりゃそうです、「ＫＴＫ」メンバーが誰よりも漢字に詳しくなるように、プロジェクトを達成するためには情報収集や勉強をしないとなりません。

子どもが自ら目的をもって前向きに勉強するようになると、保護者は喜んでくれます。そしてタンニンであるボクまで「いい先生」なんて呼ばれたり（笑）。

ボク自身は別に褒められなくていいのですが、子どもたちが、ただふつうにタンニンから褒められるのではなく、「**自分の保護者から認められているタンニン**」から褒められたりビックリされたりする。自己肯定感のためにも、ここがけっこう重要なんです。

保護者やボクから承認されて、子どもの「**ちょっと満たす**」成功体験が蓄積され自信となり、また「デキルレベル」を上げて、努力を重ねます。

勉強や運動など、それぞれに苦手なことがあった子どもたちが、プロジェクトをきっかけとして、努力しようとする循環・できるようになっていく循環が、クラスに生まれていく。それはみてみて欲が、この「**デキルスパイラル**」のエンジンの一つとして、機能しているからなのではないでしょうか。

「だれから・どこまで」満たされたいのか

みてみて欲を満たすために、大事なのは「『**だれから・どこまで**』**満たされたいのか**」を考えることです。

さっきお話しした、100％は満たせない、という前提と同じように、ただやみくもに誰でもいいから承認されたい！　っていうのでは、思いどおり満たされてはいきません。むしろ、満たされないむなしさの方が、際だってきてしまうのでしょう。SNSの「いいね！」の数が少ない、という不安感などは、その最たるものかもしれません。

ボクたちはそろそろ、「満たし切れなさ」と仲直りして、どこかで折り合いをつけなければならない。だから聞きます。

あなたは「だれから」認められたいですか？
とりあえず「どこまで」満たされたら満足できそう？

この対象と目標をまずはっきりさせることがポイント。ここが明確であればあるほど、みてみて欲は、一つずつ満たされていきます。

しつこく言うけれど、100％満たされ切ることはありません。でも、一定のラインを満たすことは、次の意欲へとつながります。ボクたちのモチベーションを支えてくれる。意欲を維持し続けるために、「『だれから・どこまで』満たされたいのか」の明確化は、有効なんじゃないかなと思います。

他方、みてみて欲は、負の方向にもスパイラルを生みやすいものかもしれません。なかなか相手に認められないとき、「どうして認めてくれないの……」と思ってしまうと、相手が憎らしくなる場合があります。それでは悲しすぎるし、「デキルスパイラル」に入ると、どんどんスピードが上がって成果が高まっていくのと同じように、いったん、みてみて欲が負のスパイラル**「デキナイスパイラル」**に入ると、自力では、なかなか抜け出せません。

「なにをやってもウマくいかない」。誰だって多かれ少なかれ、心当たりがあると思います。このゾーンに入ると、他人の意見も素直に聞けなくなってくるので、とても怖いことです。

みてみて欲を向ける対象が明確であれば、どのような方法でみてみて欲を満たしていくか、具体的な努力をすることから逃げることはありません。

「デキナイスパイラル」に陥りそうなときは、「『だれから・どこまで』満たされたいのか」に立ち戻り、**自己分析や自己認識する力**を上げていくのがベスト。これについては、第2章で詳しく考えていきましょう。

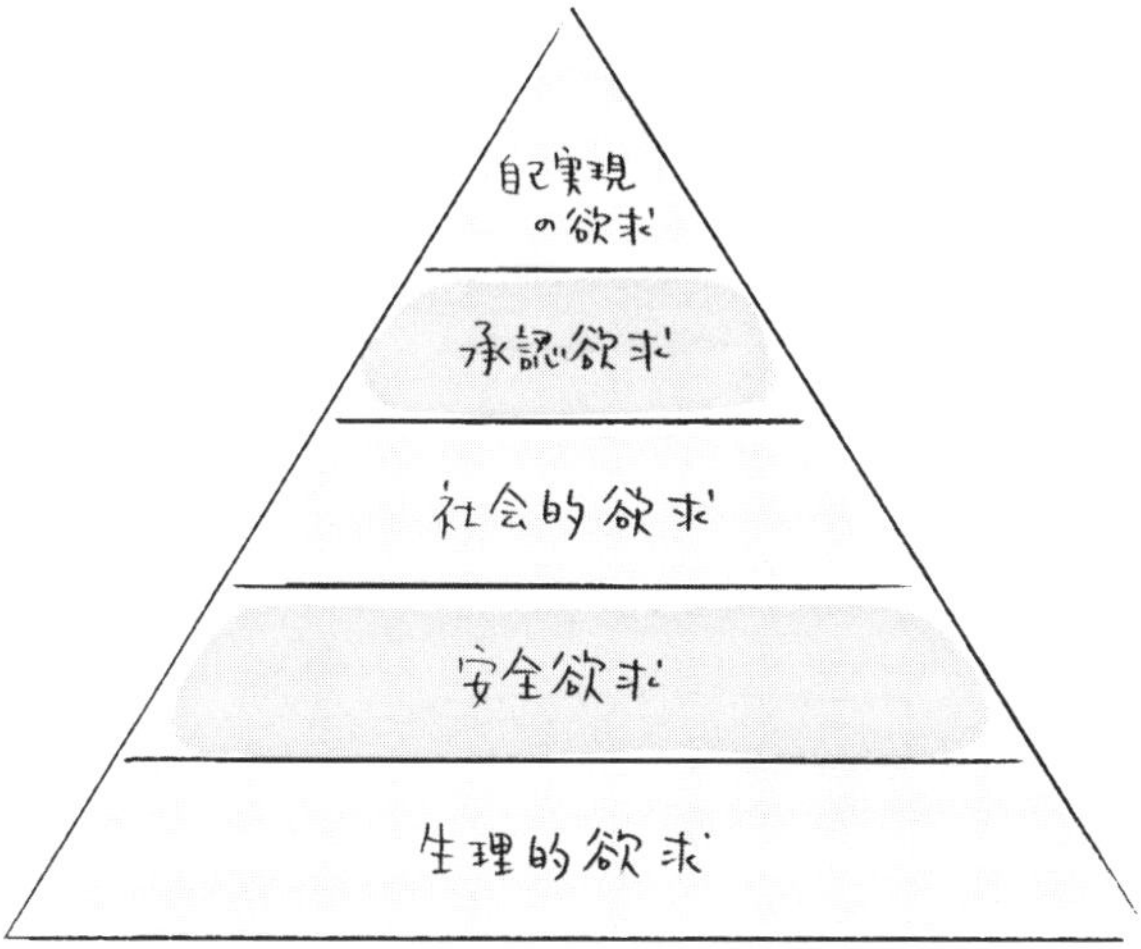

欲求との付き合い方

余談ですが「**マズローの欲求5段階説**」というのがあります。図のピラミッド、一度はどこかで目にしたことがあるかもしれません。

人間性心理学の始祖と言われる、アメリカの心理学者アブラハム・ハロルド・マズロー（1908〜1970年）が提唱した説をもとに図示されたもので、人間の欲求の有り様を5つの階層に分けています（※参考：A・H・マズロー著、小口忠彦監訳『人間性の心理学』産業能率短期大学出版部）。

下から順に生理的欲求↓安全欲求↓社会的欲求↓承認欲求↓自己実現の欲求と定義づけられています（※名称の訳は複数ある）。下層にいくほどより原初的で、上にいくほど高次の欲求とされています。

このモデルの在り方については様々な意見・解釈がありますが、ボク的には、基本的に理にかなっている説だと思っています。

普段、小学校において、子どもたちのやる気を引き出すとき、ボクの頭の中にはこのピラミッドが浮かんでいます。

たとえばお腹《なか》が減っている人に、さぁやる気を出せ！　と言っても無理な注文。人間は基本的に、なんらかの前提がある程度満たされていないと、自分からなにかをしたくはならないもの。それぞれの欲求の優先度は厳密に言えばケースバイケースだとしても、まずは生理的欲求を極力満たす段階から考えていくと、やる気は上がりやすくなります。

要は、「マズローの欲求5段階説」を活用して、より下層の欲求からある程度順番に満たしていくことで、人のやる気のレベルを上げていくということ。

これを、教育の方法論から社会人の世界に置き換えてみるとどうでしょう？

生理的欲求と安全欲求は、現代においては、比較的達成できる可能性が高いかと思います。

しかし、どうにも込み入ってくるのは、やっぱり社会的欲求から上の承認欲求・自己実現の欲求。

たとえ下層の欲求がある程度満たされていたとしても、さまざまな社会的状況などによって、上層の欲求はこれまでよりも一層、満たされるのが難しくなってきているみたいです。

こと承認欲求（みてみて欲）においては、近年ではTwitterやInstagramなど、ＳＮＳの影響も顕著です。

つまりは、**満たす手段やツールが多すぎる**という問題ですね。選択肢がありすぎるがゆえに、その分、悩みだって増えるし、どうしていいのかわからない。

そこで、「だれから・どこまで」の問いを立てた後は、ここからは「**満たし方**」について頭をひねってみようと思います。

「満たす」スキル

「みてみて欲」も、「伝え方」次第？

みてみて欲の総量が、誰しも平等にあるものと仮定したとき、「満たされていない」と感じている人の課題は、なんなのでしょう？

つまり、具体的にどこを磨けばあなたは満たされるのか？

この問いに、ボクは「伝え方」だと答えます。

コピーライター・佐々木圭一さんの著書に『伝え方が9割』（ダイヤモンド社）というベストセラーがあります。この本のメインメッセージを一言で言うならば「伝え方一つで、結果が変わる」。

コミュニケーションの場では、同じ内容でも、より効果的な伝え方のテクニックを活用することで、伝わり方に大きな差が出ます。効果的に伝えられれば、ビジネスも人生も、自分の望んだ方向に進める、それくらい「伝え方」が重要なものであることが説かれています。

同書では「あなたのお願いを実現させる答えは、自分の中にない。相手の中にある」という前提をもとに、答えを「イエス」に変える3つのステップ、「イエス」に変える7つの切り口など、普段使う言葉の具体的な工夫・実践法などが挙げられています。

とってもおもしろいので、読んでみてくださいね。

佐々木さんの言う、「あなたのお願いを実現させる答えは、相手の中にある」は、コミュニケーションの真実でしょう。これは、みてみて欲を満たす上でもなんだかヒントになりそう。

伝え上手は聞かせ上手

就活の面接などで、からまわりしてしまったこと、ありませんか？

学生時代にがんばってきたことや、自分がいかにその会社に合っているのか一生懸命話していているつもりなのに、なーんか、面接官がつまらなそうに聞いている。アピール材料はいっぱい用意してきたのに、「すごいですね」とは言ってくれるけれど、いまいちウケが悪い。ウケが悪いから不安になっちゃって、もっともっと喋ってしまう。

こういうとき、人は「みてみてエネルギー」を、相手に丸ごとぶつけている可能性が高いのかもしれません。

仕事ではあるけれど、面接官だって人間。毎日毎日、学生の話を聞いているわけですから、それが仮に、相手の反応も見ずに一方的な自分の話だけをしてしまっているのだとすれば、受け取る方としてはあんまりおもしろくはない。
よっぽど変わった経験や実績などでないかぎり、なかなか記憶には残りません。

みてみて欲の押しつけは、逆効果なわけです。

少なくとも、熱けりゃいい、ってもんではなさそう。情熱的で内容も優れていたとしても、「**言いたいことを言いたいだけ話す**」伝え方では、なかなか相手には届きません。

そんななか、自分の長所を一言だけシンプルに、わかりやすく説明できる学生がいたらどうでしょう？

好きなものについて、キャッチーな表現で話せる学生がいたら？

ときには、面接官にも質問をしながら「会話」しようとしていたら？

自分が面接官の立場だったら、「おや？」となって、その子に質問をしてみたくなると思います。

面接であれプレゼンであれ、それができる人は、相手に「**聞かせるセンス**」に、長けているのです。「え、それってどういうこと？」「もっと詳しく聞かせて」という具合に。

だから本意が伝わる。自分への興味を引き出せる。

伝える能力とはつまり、**相手に興味をもたせるテクニックのことです。**

とにかくこっちを見て！　興味をもって！　とそのまま言っても、むしろ面倒くさがられて、距離をとられてしまう。

まず、相手がなにを求めているのか？　それを的確に考えて、アピールすることが大切です。

面接の場合では、優秀な経歴やその説明をやみくもに並べるのではなく、それらはちょっと我慢してあくまで端的にまとめて、相手に興味をもってもらえるプレゼンの工夫に注力した方がベター。

終始、相手の立場に立って、**愛情をもって**考えることが大事です。

承認される前に、承認しないと。

やっぱり誰しも自分のことを大事にしてくれているんだなぁ、と感じたときに、その人のことを見てあげたり、かまってあげようという気持ちになるのではないでしょうか。

いま、みてみて欲が満たされなくて悩んでいる人は、ちょっと振り返ってみてください。認めてほしい相手が、あなたを「**見たくなる**」「**かまいたくなる**」ように、仕向けていますか？

顔は思い浮かんでいるか

みてみて欲を満たすためには、伝え方を磨くこと。

とはいえ、「磨く」って言われても一体なにから始めればいいのかわかりません。

分析することから始めましょう。

なにを？　シンプルに二つのことを。

「**誰に見てもらいたいのか**」と、「**どこを見てもらいたいのか**」です。

これはさっき話した「誰から・どこまで満たされたいのか」と、つなげて考えられそうです。まずもって、誰になにを伝えたいのか？　ここが明確でないと満たされようもありません。**ターゲットとゴールの明確化**が超重要です。

ボク自身でいえば、教師という職業柄、子どもたちと共に学び、彼らを教え育てることが目的ですから、厳密にいえば、自己アピールとしての「みてみて」というエネルギーとはまた種類がまったく異なりますが、少なくとも、自分の「伝えたい」という気持ちはまずはクラスの子どもたちに向いています。そして、子どもたちの保護者です。

毎日、教室で会う子どもたちと、その保護者に、笑顔になってもらいたい。大切なことをしっかり伝えたい。それ以外のことは、正直ほとんど気にしていません。

対象が狭いのかもしれませんが、「誰」の部分が明確すぎるくらい明確なので、なにをするにも軸はブレませんし、迷いはありません。

ありがたいことに、数年前から書籍の執筆など、多方面の仕事をさせていただいています。思いがけない方から、思いがけない評価をいただいたりすることがあります。

本当にうれしいことですが、そういった評価は、ボクにとってまるっきり予想外のことで、これもまた「みてみて」などとはあんまり関係がありません。

もし、評価していただけるような声が減ったり、批判されるようになったとしても、ちょっとはヘコむでしょうが、たぶんあんまり気になりません。そもそも人前に出る以上は、それくらい覚悟をすべきことです。つまり、世間の側から見向きをされなくなることに、ボクはあんまり興味がないみたいです。

けれど、もし子どもたちから認められなくなったら？　話に聞く耳をもたれなくなったら？　これは想像しただけでもとんでもない恐怖ですし、教師としても危機でしょう。

子どもたちから「ぬまっち（ボクの呼び名です）は最低だ」「教室で二度と顔を見たくない」なんて言われてしまったら、パニックになると思います。

教師という職業としてのみならず、ボクという人間の存立にすら関わる事態と言っても過言ではないわけです。

それほどまでに、教え子たちや、彼らの保護者たちとの関係は、ボクにとっては大きく、かけがえないもの。

頭に思い浮かべてみてください。

自分にとって**かけがえのない人**。あるいは自分を語る上で欠かせない、**根幹を成す相手**。

ここがクリアになれば、顔が見えていれば、伝えたいことをどのように相手に向ければいいのか、効果的な方法を考えやすくなるはずです。

ファンをつくる

「いやいや、特定の誰かじゃなくて、『**みんな**』に見てもらいたい！」

なるほど、それもわかります。

たしかに、より多くの人に認めてもらう方が気持ちよさそうだし。

極端な話、なんでもいいのでみんなに見てもらう、という作業自体は、それほど難しいことではありません（たびたび問題になるSNSでの意図的な炎上なんかも、広い意味ではみてみて欲の範疇《はんちゅう》に入るのかも）。

一瞬でも目立ったりすることは、タイミングや話題性次第で、ある程度はできてしまうわけですが、考えてみてください。「みんな」に承認された人や、ブームは、どうなっているでしょう？

何年もかけて炎上し続けている人が滅多にいないように、やっぱりいつかは消えてしまう。

一過性でもいいから認められたいというのならば別ですが、みてみて欲が「満たされ切って維持する」ことはないわけですから、欲求はその先も続いていきます。これは「デキナイスパイラル」に陥る一歩手前という気がします。

アーティストや俳優など、芸能人は不特定多数の「みんな」からの承認を得る仕事です。一見華やかに見えますが、長年にわたって、安定して多くの人から支持を得ている芸能人は、ごく一握り。

その人たちを、誰でもいいので思い浮かべてください。

意外と、ターゲットを絞った活動をしているのではないでしょうか？「世間みんなから好かれよう」というギラギラした感じは、薄いのではないかと思います。

たとえば、ボクはサザンオールスターズが大好きで、しょっちゅう聞いています。

ずーっと売れ続けているアーティストだと思うのですが、彼らが世の中の人みんなに褒められたい、承認されたいという気持ちで、曲を作っているとは考えられません。むしろ世間全般には背を向け、特定の誰かに（この場合、ファンであるボクに）、メッセージをまっすぐ刺しにいっているような気がします。だから聴く度に胸を打たれる。

それが結果的に、不特定多数の多くの「みんな」に、承認されているのです。

この人に届けたい！　というターゲットが明確だからこそ、その人に刺さります。そして、ボクに刺さるということは、他の誰かにも効果があるのだということです。

誰かに刺さるメッセージとは、みんなに刺さるメッセージでもある。

あるいは、刺さった人が、いい評判を拡散して広めてくれたりもするわけです。

だからこそ、大事なのは**小さなファンづくり**。

自分のファンになってほしい、という意識で相手と向き合えば、絶対に、相手が嫌がるようなことはしなくなるし、相手の立場を想像して、伝える努力をし始めます。だってファンになってほしいんですから。ここに、みてみて欲が満たされる循環も生まれます。

自分のファンをつくれる人、自分のファンを愛せる人に、承認の輪は広がるのです。

みんなから認められたくても、ここはちょっとこらえて、まずは「そもそも誰から喜ばれたいのか？」を押さえていきましょう。

あなたが認められたい人は誰ですか？

具体的に頭に思い浮かべながら、この先を読んでみてもらえたらうれしいです。

誰にでも最高のマッサージをしてもらう方法

そう考えると、みてみて欲を満たすには「相手意識」がカギになるようです。相手がどうしてほしいのか正しく把握して、相手にとって心地いいアピールをしていきたい。

それっぽく言うなら、ほしい承認を得るための段取りをとる、という話。ちょっとドライに聞こえますかね。でも、あながち間違いでもないと思うんですよ。

たとえば、ボクはマッサージを受けるのが好きなのですが、「みてみて欲が満たされていない」状態ってつまり、足が凝っているのに、肩をずっと揉まれているような状態だといえます。

凝っているのは足なのに！　足を揉んでほしい！　揉んでくれる相手に向かって、ここが上手に伝えられていないわけです。


誰にでも気持ちいいマッサージをしてもらう方法は、一つです。

積極的に、喜ぶこと。

「もっと右！」とか「左を揉んで」と言うのはカンタンですが、不思議と人は、そんなふうに命令されたら、やる気が下がってきます。だんだんと揉む気持ちが、失せていくわけですね。

そうではなく、揉んでほしいポイントに指が当たったとき、「あー！　そこそこ！」「ウマいね！　気持ちいい！」「天才じゃないの⁉」と、大げさなくらい喜んでみせます。すると揉んでいる方も気持ちよくなって、飽きずに揉んでくれるはずです。ポジティブなゾーンに入ってきます。

ここを揉んでほしい！　と自分本位で要求を通すのではなく、「ここを押したら喜んでもらえるんだと**相手に気づいてもらう**」表現というのが、ウマい伝え方。

余談ですが、逆をいえば、人気のマッサージ師や美容師は、お客さんが喜んでくれるポイントを言外に察知する能力が、高いのだと思います。

プロの人たちにはその技術において極端に大きな差はないはずですが、予約のとれないマッサージ師やカリスマ美容師などは、お客さんがなにを伝えたいのか、どうしたら喜んでくれるのか「受け取る能力」で、他の同業者から一歩リードできているわけです。

なんだか自分は周りから認められていないなぁ……、と悩んだら、褒められたいポイントを相手に理解されているかどうかを気にしてみるといいかもしれません。

ヘタしたら、向こうは向こうで「こんなに褒めているのにどうして喜んでくれないの？」と、逆に変に思っている可能性だってあります。

褒められたい側と、褒めている側と、ポイントが微妙にすれ違っていたとしたら、これはとてももったいないことですよね。ものはためしで、自分が相手に揉んでほしい部分を的確に伝えられているか、振り返ってみましょう。

100点の答案を帰宅してすぐに見せてはいけない

ボクはよく、子どもたちに**「漢字テストで100点をとったとき、いつ親に見せれば効果的か？」**という話をします。

誰だってふつうは、100点をとったらすぐに見せたがります。もちろん早く褒めてほしいからです。

でも、求めているような最高の「褒め」がもらえるタイミングは、それほど多いわけではありません。

多くの子どもたちが、学校から家に帰った瞬間に、たとえば保護者などにテストの結果を見せるでしょう。

けれど、その時間というのはたいてい、家では夕食の準備などで、めちゃくちゃに忙しいのです。あるいは、食事の時間に「これを見て！」とテストを見せるパターンも多いと思います。だけどやっぱり、食事のときは食事のときで、たとえば小さい子がいる家庭ならごはんを食べさせたりで、やっぱり保護者は基本的に大忙しなわけです。子どもが持ってきたテストの結果だけに、意識は集中できません。

他にもやらなければならないことがいっぱいあるなかで、「これを見て！」と言っても、「よかったね」「すごいね」で受け流されてしまいます、

余裕のない状況ですから、これは当然といえば当然のことなのです。でも、子どもはしょんぼり。これじゃあ、悲しい。

だから、子どもたちに教えます。まず、**見せるタイミングを見計らえよ**、と。**作戦を立てるんだぞ**、と。

タイミングを間違ってしまったら、せっかくあんなにがんばった100点の答案が、単なる紙ペラになってしまう……そんなこと絶対あってはダメです。

晩ごはんが終わって片付けが済んだ後や、お風呂を済ませたのんびりタイムに、テストの結果を見せるのが、ベストタイミング。

保護者はきっと「すごい！　がんばったんだね！」と、大喜びでしょう。答案が、ごほうびのアイス券や焼肉チケットなどに変わるなんて素敵な展開になることもあります。

褒めてもらいたいときは、褒めてもらう環境づくりが大切です。

「演出」と言ってもいい。

ボクのクラスでは、成功したという経験を絶対に逃してほしくないので、その演出がうまくいくように、ちょっとバックアップしてあげたりします。

テストでがんばって、100点をとった子が下校してすぐ、その子の家に電話をかけます。

保護者に「今日、〇〇さんはテストで100点をとりました。どこかのタイミングでテストを見せると思うので、もう思いっきり大げさに褒めて、騒いであげてください！」と頼んでおきます。すると、効果はバツグンです。

後で本人に聞くと、「家ですごく褒めてもらえた！」と、大喜びしていました。

基本的には自分自身だけでも、「**褒められ演出**」は工夫できます。大人であればなおさらそうでしょう。相手のタイミングを見計らう、というのがなんせ王道です。

100点の答案を保護者に見てほしいとき、スポットを当てるべきは、100点の答案ではなく、保護者です。

いつ見せるか？　どの言葉とともに見せようか？　作戦を練りましょう。

自分のがんばった成果を最大限に評価されるためには、相手のことを想像する姿勢が大切なのです。

ホメラレスパイラル

ボクは1年生の子どもたちのタンニンをしているとき、彼らに褒められたとき喜ぶ**リアクショントレーニング**をしていました。

たとえば、難しい漢字テストで100点をとって、ボクが「よくやったなー！」と言います。そのとき子どもが、うれしい様子ではあるんですがどうも表に出てくる反応が薄いと、「せっかくがんばった成果が、伝わらないよ！」と、喜び方のウマい子に、よし、おまえちょっとお手本を見せてみろ、とやってもらいます。彼がオーバーアクションで「おっし！」とか「やったーっ!!」とか喜んだりすると、クラスもドッと沸きます。

そういうことをくり返しているうちに、ちょっと引っ込み思案だった子が、だんだんうれしい感情をストレートに表現できるように変わっていくのです。

褒められたとき喜ぶリアクショントレーニングのねらいは、成果を強く確認して、みてみて欲を「自分から」セルフで満たしていくこと。もちろん、おとなしい反応もその子の個性、その子らしさであって、内心すごく喜んでいるということもあります。ただ、せっかくいい点をとったのに表に出てくる喜び方が薄すぎたりするのは、「こんなもんか」という感じで自己評価が留まり、やる気を下げてしまうのではないかと考えています。

でも、大げさに喜んでおけば、「こんなにうれしいんだから次もがんばろう！」と、脳の方が自発的にやる気を出すのではないかと、これまでの教師としての経験上、思っているのです。

大げさに喜ぶ人は、「**ホメラレスパイラル**」をつくりだします。**人は褒めたときに、喜んでくれる人を、褒め続けたい**のです。マッサージで、気持ちいい!!　と全力で表現するのと同じです。

褒められたら、真っ先に「ありがとう！」と、ニコニコ笑顔をつくること。でもこれ、案外難しいことのようです。

日本人ならではの美徳かもしれませんが、上司や目上の人に褒められても「いえ、それほどでも……」と、謙遜して目を伏せてしまう。まぁ、実際ちょっと照れくさいですしね。

でも大丈夫。褒められたときに謙遜は要りません。そこはもう堂々と**「やったー！　ありがとうございます‼」**って飛び跳ねてください。褒めた方も、そのリアクションを望んでいます。

みてみて欲が満たされていないと思ったら、褒められたときの正しいリアクション、相手までうれしくなっちゃうリアクションができているのかどうか振り返ってみて、できてなさそうなら鏡の前でトレーニングしてみましょう。そして、慣れてきたら喜び表現のバリエーションも増やしていきたいところ。

知らず知らずのうちに「褒めて褒めて」ばかり要求しないように気をつけておきたいも

のです。

褒めるのにも、たぶんモチベーションがいります。成績の優秀な人を褒めたいのではなくて、褒めたら喜んでくれる人を、やっぱり褒めていたいのです。幸せな雰囲気をつくりたいじゃないですか。

みてみて欲が満たされているのは、成果を上げ続ける人ではなくて、褒められ上手であり続ける人なのです。

なにはなくとも、ニコッと笑顔！

笑顔をつくって、迷惑がられることなんかないんだから。

まずは、にっこり。

第一段階は、それで十分だと思います。

「満たされる」じゃなく自分で「満たす」

ここまで読まれた方のなかで、「みてみて欲を満たすことって、相手の空気を読むこと？」「相手の顔色をうかがえばいいだけ？」と感じた方も、いるかもしれません。たとえ意に沿わないことでも、みてみて欲が満たされるためなら、我慢してニコニコするべきなの？

やりたいことを押し殺して、相手の機嫌をうかがえ、みんなに媚《こ》びを売れ、なんて絶対に言いません。別に褒められなくていい相手にまで、あなたのエネルギーを必要以上に使わなくても大丈夫です。

大切なのは、媚びを売るということではなくて、相手がなにを欲しているか、いまどういう状況なのか、などの観察と分析をくり返すことで、みてみて欲が**「満たされやすい」状況を自分でデザインすること**です。

ここまでずっと、「満たされる・満たされない」という言葉をあえてたくさん使ってきました。でも、厳密にいえばこの表現はちがうのです。

「満たされる」んじゃない。「満たす」んです。

みてみて欲って、なにもしなくとも他人が善意で満たしてくれる、そういう受け身のものではなくて、自分から満たしに行くもの。自分でコントロールできるものです。受動から能動へ。このマインドに変えると、世界が少しちがって見えるんじゃないかって、ボクは本気で思います。

セルフケアとしての環境デザイン

あと、働く環境づくりには2種類ありそう、ということも気にしてみたいところ。「自分のやりたいことがやりたいようにできる環境づくり」と、「みてみて欲が満たされる環境づくり」は、似ているようでいて、微妙にちがう気がします。前者は、仕事の成果や実績が現に影響するでしょう。実力があれば選択肢も広がります。後者は、必ずしも仕事の成果だけではなく、それを周囲に伝えることができているか、が主導権を握っています。両者はちがうことだけれど、お互いに支え合っているイメージです。

実力を武器に、やりたいことだけで生きていくのは誰しも目標とするところですが、一般的な社会人の多くは、どうしても大なり小なり、「承認欲求」にさらされる組織のなかで働かざるを得ません。

よほどタフでないかぎり、みてみて欲を満たす方策を、自分なりにとっていくのがベターでしょう。なぜなら、**みてみて欲の上手な取り扱いは、精神的なセルフケアにつながる**からです。

みてみて欲を満たすことと、やりたいようにやるということは、中身はちがうことだけれど、両立ができます。もっと言うと、相乗効果が期待できると思う。

社会人1年目から、みんなを黙らせるようなすさまじい成果を上げるのはなかなかハードルが高い。まずは、認められたい相手から認められて、みてみて欲を「ちょっと満たす」のくり返しで、**自分を守ってあげてほしい**のです。

先ほど、余談として「マズローの欲求5段階説」の話をしました。

欲求を満たすにも、より原初的なものをはじめとして、ある程度段階があるという話。あれと似ていて、無防備なゼロの状態からいきなりがんばる、がんばり続ける、というのはキツいだろうけど、これから続く長い社会人生活、まずは土台となる自分の心を大切にして、「ちょっと満たす」を続けておいてほしい。

それで「デキルスパイラル」「ホメラレスパイラル」が生まれれば、あなたの意欲はぐんと高まります。意欲が高まれば成果も上げられるというもの。

必然的に、やりたいことのできる居心地のいい環境へと、つながっていくでしょう。

「客電」論

「客電」をONにしよう

以前、キングコングの西野亮廣さんのイベントに招かれました。

「サーカス！ ―Smile Academic Crazy Unique School―」というイベントで、西野さんが校長となって、各業界からおもしろい「先生」を招いてさまざまなプレゼンを行うパワフルなトークショーです。

ボクはステージで「トークの仕方」をテーマに話をしました。そのときの自分の力は出し切ったつもりでしたが、オリエンタルラジオの中田敦彦さんの「インド」についてのプレゼンには、ボロ負けしたと思いました。やっぱり厳しいお笑いの世界で、高い成果を出している人のトーク能力は、すさまじいものがあります。

そして、もう一つ、ちょっと悔しいことがありました。

講演会などで、人前で話すことには慣れていたのですが、普段の講演会とはちがい、イベントやライブなどでは舞台照明が強く、反対に客席側の電気（客電）は、通常落とされます。なので、ステージからお客さんの顔が前の方の3列くらいしか見えなかったのです。

これまでとはちがう環境にかなり戸惑いました。

お客さんの表情や反応を見ながらトークを操縦することが、できなかったのです。

講演会のみならず、小学校では当然、教室全体に電気がついているので、子どもたちみんなの顔がわかります。みんなの反応を見ながら、言葉を選んだり、動作を変えたりして話すことができます。それがトークの伝わり方に、とても大きく影響するのです。

お客さんが、後ろまで見えない……！　これは、なかなかハードモードでした。

暗がりの向こうに、大勢のお客さんがいるのはわかります。

でも、真っ暗でなにも見えないところから、どかん！　と笑いが起きたり、感心するような声が聞こえてきて、感覚がズレるというか、トークのテンポに微妙な影響が出るのです。

西野さんや中田さんは、その見えないところも計算して、鉄板のおもしろいトークをくり広げていました。圧倒される思いでした。

出番の後、客席側に行ってイベントを見てみました。

「あぁ、こういうお客さんがあそこにいて、あの辺りのお客さんはリアクションがよくて……、こんなふうになっていたんだな〜」。

ステージからは暗くて見えなくても、客席側に行けば、状況が全て見渡せるのです。

「相手」の観察を終えた帰りの新幹線で、どうすればよかったんだろう？　と、悶々と考え続けました。ボクが先ほどから「相手への想像力」「相手の分析・観察」とくり返し言っているのは、この経験があったからです。もっともっと相手を見よう。分析しよう。

相手を見て、やり方を変える。これが鉄則です。

講演会ではなるべく早めに会場に到着して、入り口に立ち、入ってくるお客さんたちをそれまで以上に観察するようになりました。お客さんのなかにはボクの顔を見て「ぬまっち、もういるの!?」と驚く方もいます。

ステージに立つ前に、みんなの顔を見て、雰囲気や空気感を把握します。ボクのことをすでに知っているお客さんたちかもしれない。反対に、誰かからの誘いで連れてこられて、「どこの兄ちゃんがきたの？」という感じの人もいるかもしれません。どちらにしても、事前にリサーチした雰囲気を指標に、その日に話すことの大筋を、頭のなかでまとめます。お客さんの顔さえ見えれば、なにを話すか、どう話せば届きやすいか、ある程度つかめます。

つまり、もしも本番で、あのときみたいに突然客席が暗くなってお客さんの顔が見えなくなったとしても、間違いなく上手に伝えられるように、ボクは自分で客席を照らせる**「ライト」**をもつことにしたんです。

そう、客席の暗いイベントでの経験は、ボクにこんな気づきを与えました。

「相手のことが見えていないとき、ボクたちには『客電』がついていないのではないか？」

自分の前にいる相手（お客さん）の顔が、暗くて、よく見えていない。

明かりが足りないから、相手の表情や反応がわからず、自分のアピールを押しつけてしまう。これは、まさにみてみて欲においても同様で、それを満たすのに必要な「上手な伝え方」をするためには、やはり「十分な明かり」こそが、まずは必要なのではないか？　と。

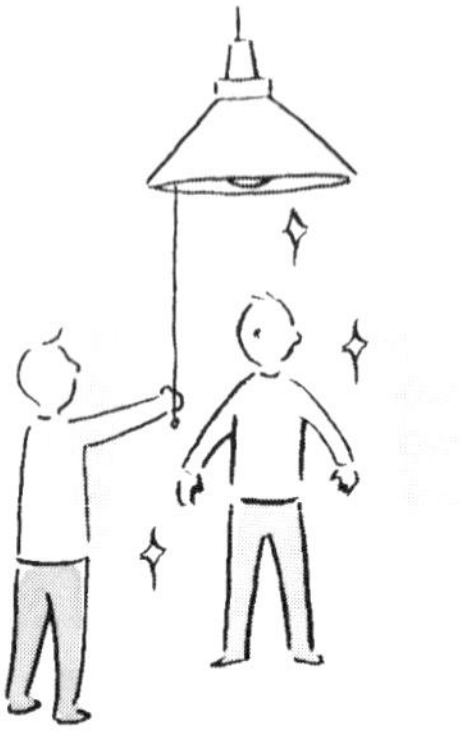

もしも上司に認められたいと願うなら、まずは上司に向けて客電をＯＮにすることです。

プレゼン資料の提出や、完成させた仕事の報告は、１００点満点の答案と同じく、相手が多忙なときに見せるのでは効果が薄い。上司に余裕がありそうなタイミングを見計らって、さしだしましょう（もちろん、緊急の案件などは、みてみて欲とは別問題なので要注意！）。

上司に認められるには、アイディアを提出するタイミングも大事ですが、相手のバックグラウンドを想像することも必要です。

上司のそれまでの実績や人脈、どのような仕事が得意で、直属の先輩や部下は誰で、どこをとりわけ見ている人なのか、背景となるような人格自体を理解して、コミュニケーションをとること。**その人の文脈を読み取る、**そんなイメージです。

みてみて欲だけではなくて、社内での人間関係を穏やかにまわしていくためにも、これははずせないところですね。

「満たされなさ」の原因は、客電不足。

真っ暗な客席に向かって、やみくもに喋《しゃべ》りかけるのはもうやめにしましょう。

3万人は実在する

芸人さんなどは、客電がOFFになった舞台で、おもしろいトークやネタを披露するトレーニングを徹底的に積んでいます。「伝え方」のプロです。

プロはおそらく、たとえ客電がついていなくとも、その暗がりの向こうにどんな顔の人たちが存在しているのか把握できているのでしょう。話題ごとに返ってくる反応のパターンが、読み取れています。

先ほどの西野さんや中田さんなども、**頭のなかでは常に、ピカピカに客電ON!** の状態で生活しているのかもしれません。世界を見るときの視界が、いつも良好。だから現在のように、オンラインサロンなどで多くの人たちを惹きつけ、多彩な活動ができているのではないかなぁ、と予想します。

だからといって、ただむやみに人前に立つ経験だけしていれば、自然と客電はONになる……というそんなウマい話でもなさそうです。ボクだって、毎日人前（子どもたちの前）に立っているのに、いまだに「あれでよかったか?」「本当に子どもが見えていたか?」と、伝え方を振り返ることがしょっちゅうです。自問自答して眠れなくなる夜もあるくらい。

要はこれ、単に場数というよりは日々の意識の問題です。

ふつうの電気と同じように、自分でつけないと、**客電はデフォルトでOFFのまま**なんです。

部屋に入ってスイッチに手を伸ばすように、相手の顔を見たら客電のスイッチはON！

特に、それが自分にとって大切な「伝えたい相手」のときにはなおさらです。暗がりの客席の向こうを見るには、まず意識的に客電をONにしましょう。

まぁ、別の言葉で言うなら、想像力です。

相手の顔を、照らして見ようという、想像力が大事なのです。それは別に「相手のご機嫌をうかがうテクニック」なのではなく、コミュニケーションの質を上げるための基礎基本。

客電を消したままでは、誰にどんな話をしているか、届けるべき対象の実体が、なかなかわからないままです。暗いところに、自分の言いたいことを、言いたいように投げていても、誰もつかめません。ときに、言

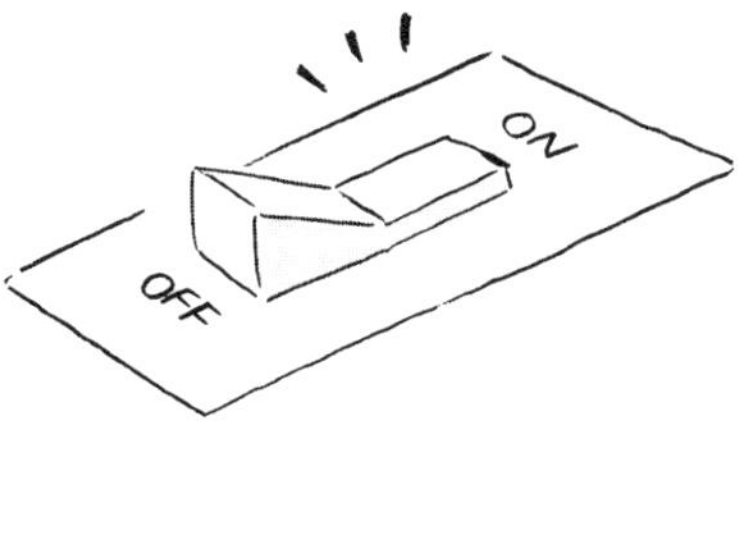

葉が乱暴になってしまったり、適切でない態度になることもあり得るでしょう。

以前、知人とプロ野球の試合を観戦しに東京ドームへ行きました。お客さんはけっこう埋まっていて、3万人を超えているように見えました。

そのとき知人が、「これだけの人数が、沼田さんのTwitterのフォロワーなんだよ」と言いました。

ハッとしました。

普段、スマホの画面で見ているのはただの数字ですが、群衆で埋め尽くされた客席を見て、身が引き締まりました。

これだけの人数に、ボクの発言は見られている。知人の言葉で、フォロワーに向けた客電がONになりました。Twitterでの発言にはそれまでも注意していたつもりではありましたが、**「この3万人はたしかに実在する」**そんな実感によって、言葉選びにはより慎重になったのです。

Twitter上には、たとえフォロワーが多くても、けっこう攻撃的な言葉をつぶやいている人がいるように感じます。

過激だったり、差別的だったり……。

ぜひ一度、客電をＯＮにしてみてほしい。

そのつぶやき一つで、誰かを傷つけてしまったり、炎上を巻き起こしたり巻きこまれたりするリスクもあります。

急に先生っぽいことを言いますが、ＳＮＳ上の数字はマボロシなんかではなく、たしかにそこに存在する人間です。見えないところにいる他人を想像しましょう。

スマホの向こうの世界への客電をＯＮにするだけで、ボクたちの思考は冷静になります。

自分に合ったライトを！

客電用のライトを使いこなし、ライティングのウマい、もとからコミュニケーション上手に見える人もいます。

でも、よくよく観察してみると、人によって、いろんな種類の客電があるみたいです。

ワット数の高い、まぶしいライトを使っている人。

ピンスポットで強めに特定の範囲を照らしている人。

オレンジ色で暖かみのあるライトで客席をゆったり照らしている人。

光量は強いんだけど、LEDじゃなくて白熱球だからエネルギーを使いまくっている人……さまざまです。

あるいは本当のスーパースターなんかは、ライトを持つ以前に自分自身が太陽のように光っていて、そもそも客電自体が必要ない、なんてこともいえるかもしれない。いろいろ予想してみるとおもしろいもんですね。


ただ暗いところを照らしてりゃOK、というものではなくて、**照明選び**も重要です。

また、部屋の電気をつけっぱなしにしていたら電気代がかかるように、やたら「客電つけっぱなし」にするのも、おそらくかなりエネルギーを消費して疲れちゃいます。

だから、人それぞれの個性や用途に合った、使い勝手のいいライトになるように、使用時間や光量はカスタムしていきましょう。

客電探しの旅

自分にはどんな客電が似合うか。

さっぱり見当もつかないなぁという人は、「**いい客電が使われている場**」に、参加してみるといいかもしれません。

たとえば、有名なスピーカーが開催しているビジネスセミナーや講演会なんかはベストでしょう。話し上手な人というのは間違いなく、スペシャルなライトをもっているので、とても勉強になります。

視点はちがいますが、講演をしていると、お客さんのなかに不思議と目立つ人がいます。数百人いるお客さんのなかで、うなずく反応が絶妙だったり、なんだか存在感が際だっているのです。質問コーナーではやはり、そういう人が積極的に手を挙げて、思ってもみなかったような質問をパスしてくれます。

聞いてみると彼らはバリバリの営業マンだったり、本を書いたことのある人だったりして、やはり伝え方に関して、なんらかの秀でている部分があることが多いのです。

つまり、ライトの使い方がウマい人たちであることが多い。

聞き手に回っているときも、ライトの光が漏れていて、ステージまで届いているんでしょうか。


ビジネスセミナーだけじゃなくて、読書や飲み会だって、客電探しに効果はあります。なるべく自分の仕事とはちがう分野の読書や、ちがう業種の人たちと、触れ合ってみましょう。ボクも意識的に、教育以外の世界の人たちと会うようにしています。

仕事の環境だけにいると、ライトの種類が周りと似通ってしまいがち。外に出て、知らない分野の知識や情報をガンガン入れてください。いままでは見えていなかった部分を照らしてくれる、オリジナルな客電をつくっていけるかもしれません。


会社の同僚や友人など、周囲の「ライティングがウマい！」と感じる人に頼んで、自分の見えていない暗いところを照らしてもらう、というのもオススメです。

ちょっとばかり勇気がいると思います。でも思いきって、「**私の見えていないところは、**

どこ？」と聞いてみましょう。たとえばそれは「話を伝えるときに相手の状況を見計らえていないよ」ということなのかもしれませんし、「いつもデータの解析が不十分だから企画が通らない」とか、すごく具体的なことを言われるかもしれません。業種によっても、いろんな視野があることでしょう。

ライティングのウマい人というのはたいていてい、他人が照らせていない、暗くて見えていない部分を察知するのも上手です。

その人のライトでそこを照らしてもらい、「ほらここ、おまえ見えてないだろ！」と指摘してもらえばいいのです。

人は、自分では見えていないところが、案外わからないものです。

他人からの指摘を受け入れるのは、とっても勇気のいることだけれど、自分に合う、ベストなライトをもつためには絶対に役に立ちます。

それから、ライトの数は一つともかぎりません。自分に合ったライトがたくさんあれば、照らせる範囲は、さらに広がります。

いくつものライトを使い分けながら、観察力を高めて、より良好な人間関係を築くことができますし、みてみて欲を満たす機会を、自分で増やすことすらできます。

最初は大きなライトじゃなくていいんです。たとえば懐中電灯くらいのサイズでもいい。とにかく、**見えていなかった暗い部分を、照らして見てみる**のが重要なんです。

もしかしたらこれまでの悩みのタネだと思っていたことも「あれ、こんなことでよかったのか！」なんてヒントを手に入れて、気持ちまで明るくなるかもしれませんよ。

さぁ、自分探しならぬ客電探しの旅に出かけましょう。

「承認1・0」から「承認5・0」へ

さて、「みてみて欲」こと「承認欲求」について、あれこれ考えてきました。

親や先生など、大人たちの多くは「承認欲求なんか気にしてはいけない」と言うかもしれません。あるいは成功者が「承認欲求なんかにとらわれるな！」と言っているビジネス書も見かけます。

それもまた真実かもしれませんが、やはりＳＮＳなどが発達したことで、「満たすツール」がたくさんありすぎることから考えても、ボクたちがみてみて欲から完全に解放されて生きていくのは、現実問題として難しい。

それに、ここまで考えてきたように、みてみて欲って、そもそもそんなに後ろめたいものでもないと思うわけです。もっとポジティブでいい。

なぜならそれは意欲の一種で、「成長」のきっかけになってくれる可能性をはらんでいるから。

要するに、ボクたちの**「付き合い方」次第**なんです。

みてみて！　とアピールするだけじゃ、もう通用しません。

まずもって１００％満たし切ることは、誰にもできない。その揺るがない大前提をスタートに、伝え方を工夫したり、誰に見てほしいのか考え抜いたり、客電をＯＮにしたり、いろんな方法で、極力100％に近づけていくことは可能です。

そうやって努力するあなたは、また高い山へ、また高い山へと登り続けて、これまで見たことがなかった景色に出会ったり、これまで話したこともなかった人と仲よくなったりして、いつのまにやら歩きやすい、働きやすい環境を手に入れていくのでしょう。

そのころには「結果的に」みてみて欲のことは、もうあんまり気にならなくなっているかもしれない。それはちょうど、アイスやバッジがどうでもよくなって、一回ヘコんで、また燃え始める子どもたちみたいに。

ボクはこの章の冒頭で「そもそも論」を投げかけました。

そもそも、ボクたちはなにを満たしたいんでしょう？　と。

正解のない問いですし、「ズバリ、これです！」なんて言えないのがボクの頼りないところですが、ここまで考えてきてちょっと思うことがあります。

承認欲求を満たす試みは、相手への想像力をもつことから始まります。

これはもうくり返し押さえてきたポイントですよね。

でも「相手の立場に立ちなさい」ってこれ、考えてみれば先ほども言ったとおりコミュニケーションのキホンのキ、です。なんだか、コミュニケーションのセオリーが、さまざまなツールや機会の発達によって逆に先祖返りしているというか、「**原点への進化**」を、迎えているい時代なのではないかと思えるのです。

そして、ボクたちが満たしたい「なにか」もまた、人間存在にとってものすごく根源的なものだ、とも。

ボク自身は子どもたちに日々目を凝らして、基本的に「承認する側」ですから、その立場から考えると、「承認」にはだいたい5つくらいのレベルがあると思っています。

第1段階は「**見る**」。まずはじっくりその人のことを見てあげるだけでも、認めている証《あかし》になるはず。

第2段階は「**気づく**」。承認するにも、まずはその人の変化や成長に積極的に気づく努力が必要です。

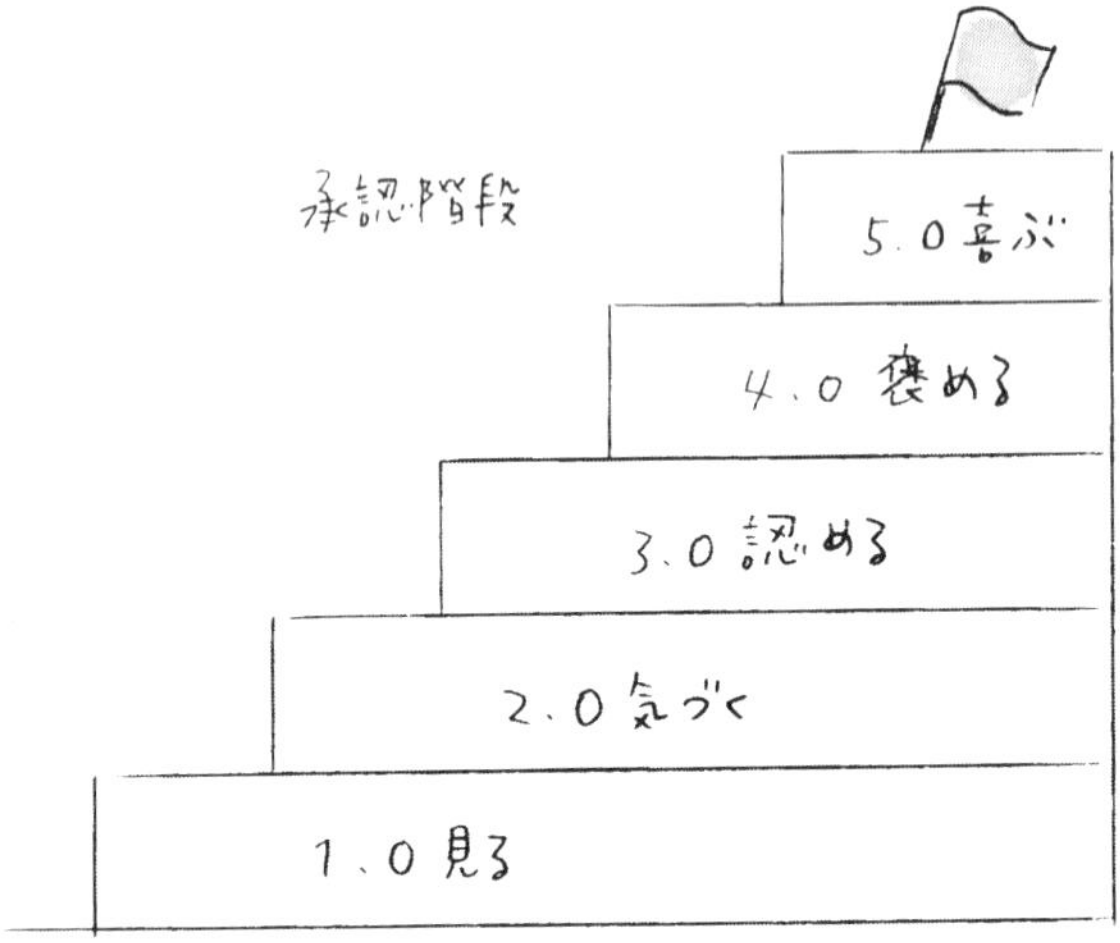

第3段階は「**認める**」。変化や成長したことに気づき、その事実を認めてあげることです。

第4段階は「**褒める**」。三つの段階を経てこれがくる。「褒める」はそのままストレートな意味ですね。

そして一番高次な承認、第5段階は「**喜ぶ**」ことなのではないでしょうか。「すごい！」って褒めるだけではなくて、そんなふうに成長できたその人を「やったー！」って、まるで**自分のことのように「喜ぶ」**ということ。

つまり「承認」の真の姿って、単に「みてみて」という次元から、お互いの存在を喜び合えるような、他人への想像力や愛情に支えられた、とても幸福でより根源的な状態だと思うのです。

承認1・0から承認5・0へ。

「いいね！」って、さらに根源的なレベルで誰かと喜び合える人に。

令和時代は「いいね！」もアップデートしていきましょう。

成長のカギ

伝え方一つで「みてみて欲」は満たせる！

①「満たし切れなさ」を受け入れる
②客電をONにする！

Theme 2.

自己認識

ジブンスキャン

自分を「スキャン」する

ズバリ、自分のこと、どれくらいわかってますか？

もちろん自分のことですから、わかってますよ……と思っても、本当にわかってますか？　本当に？　ってしつこくされたらちょっと自信がなくなってくる。

ちなみにボクは、子どもたちに「目つきが怖い」とツッコまれるまで、そんなこと気にしたこともありませんでした。

第1章では、相手の立場に立って考える、客電をONにする、ということをボクたちの成長のカギの一つにしました。

けれど、相手のことを考える前にそもそも自分自身について、どれだけボクたちは、「思い込みでなく」冷静に分析できているもんでしょう？　どうしたって、主観や願望で生きてしまうのが人情ってものです。

自分を冷静に分析して知る……、つまり**「自己認識」**をするということ。

これはみてみて欲にも直接関わる話です。

第1章が、みてみて欲の「欲求の正体」や「伝え方」のフェーズだとすれば、第2章は、「みてみて」と望む「あなた自身」のフェーズと言ってもいい。他者から見てもらいたいって言ってる、**あなたは一体「何者」なんだ？**　というお話。ここからはそんなことをテーマにしてみたいと思います。

さて、この「自己認識」という言葉、哲学や心理学などの世界でよく使われる用語で定義もさまざまですから、やっぱりなんだか難しい……ボクがふだん、教育の世界で述べている話に当てはめて使うのにも、ちょっと抵抗があります。みてみて欲なんて言ってるくらいですから、難しげな言葉はどんどんかみ砕いてしまいましょう。

自分を知るという作業は自分自身を客観的に俯瞰して、くまなく「読み取る」ようなイメージ。そうですねぇ、たとえば「**ジブンスキャン**」なんてネーミングでどうでしょう。

「正しい」ジブンスキャンは、なかなか難しい。ボクも完璧にはできている気がしません。しているつもりでも、十分にできていない。スキャンした「フリ」になっているときもしばしば。

どうしてそれが「フリ」なのか気づくかというと、自己評価と他者評価にズレが生じるからです。

たとえば、自分の仕事の成果を、自己評価では100点なのに、他者評価が70点くらいだったら、誰だってヘコむでしょう？「なんでちゃんと評価してくれないんだ！」「あいつはわかってないなぁ」なんて思ってしまったり。

相手の評価の目が足りないと考える。つまり、この場合、責任は**相手に負わせてしまっ**

ているわけですね。

かといって、他者からの評価を基準として自己評価をすればいいのかというと、これも自分を押し殺して、逆にストレスが増えてしまいそう。

自己評価と他者評価の点数が一致している。当然、これがベストです。

第1章でも述べたように、承認欲求が100%満たされ切ることはありません。つまり、他者評価を、全て自分が求めたとおり、思いどおりに得られる瞬間というのは実質ないわけです。

でも、自分の能力をできるだけ客観的にチェックし、できること・できないことを取捨選択しながら、**「自己ベスト」**を出していくことは、必ずできます。必ず、です。

そのために必須なのが、ジブンスキャンなのです。

第2章を始めるに当たってボクは、**「ジブンスキャン」能力こそ、社会人が標準装備しておくべき戦闘能力**だと言い切ろうと思います。

ジブンスキャントレーニング

以前、5年生のタンニンをしたとき、子どもたちに**「自分のトリセツ」**を書いてもらうことにしました。

自分を電化製品にたとえて、特徴や性格、取り扱いの方法なんかを考えてもらうんです。普段は作文が苦手な子どもたちも、みんなこれにはおもしろがって、いろんなトリセツを書いてくれました。

「アイスを食べて（与えて）から作動させると調子が上がります」
「朝、起動に時間がかかります。早めの起動をオススメします」
「故障したときは、まずは3分放っておきましょう」

子どもたちはかなり、自分のことが客観的に見えているようでした。

主な特徴の欄には「高速で移動できます」と書いている子がいました。足が速い、ということです。「印刷機能がよく壊れます」。字がきたないらしいです（笑）。

トリセツを書くことで、自分の長所・短所がわかってきます。そして、他人にそれらを説明するときに、工夫しておもしろく伝えるトレーニングにもなります。

これはけっこう**「ジブンスキャントレーニング」**ということで、大人でもやってみる価値があるのではないでしょうか。

この実践にはオチがあって、子どもたちから「保証書をつけてほしい」と言われたんです。

なんでまた？　と疑問だったのですが、「トリセツで使い方を教えているのだから、故障したときの保証書もつけるべきだ！」と言うのです。

なるほど、そのとおりだなと思いました。

要望どおり、子どもたちのトリセツそれぞれに保証書をつけてあげました。

説明書どおり扱ってもらえなくて、困ったり悩んだりしたときに「修理センター沼田」にもってきていいよ、という内容でした。

子どもたちの本意は、ちょっとわかる気がします。
たとえばその後、学年が上がったり卒業したりして自分を取り巻く環境が激変したとき
の精神的な保証、支えとなるものがほしかったんでしょう。

そんなことも、トリセツを書かせてみなければ気づけなかった、子どもたちの心の機微でした。自分と向き合う、ということは、**心のデリケートな面にも触れる勇気をもつこと**なのだと思います。

トリセツを書いて、相手に見せる。
お互いの信頼関係を大前提とする行為ではありますが、「客電を照らせていない部分を教えてもらう」のと同様に、自分のことを俯瞰してみるには、他人からチェックしてもらうのが一番の近道。「電化製品バージョン」からでいいので、ぜひ、やってみてください。

恥じるな、ごまかすな

「ジブンスキャン」で目指すのは、大きく三つのことです。

① 自分の「できないこと」を認め、向き合うこと
② 他人と比べないこと
③ 過去にこだわらず現在を生きること

とりわけ、「**① 自分の『できないこと』を認め、向き合うこと**」が圧倒的に大切です。

ボクたちは、自分がテンションの下がる「嫌なこと」は割と自覚できていても、具体的になにとなにが自分にできて、なにができないのかが、明確にわかっていないことが多いのではないでしょうか。

「できないこと」それ自体、別に恥ずかしいことでもなんでもありません。誰だって、得意なことと不得意なことがあります。

マズいのは、それを恥じて目をそらしてしまうこと。

できないことに、まずは気づく。それを受け入れ、認める。

実はここが、最難関であり最重要なのです。

失敗も、それ自体は問題ではありません。誰でもするんですから。

マズいのは、「もうどうでもいいやー」と、その失敗した事実を、隠したりごまかしたりすること。

振り返ってみて、改善策を考える。

これができたら、**そもそもそれを失敗とは呼びません**。呼ばなくていい。たまたまそれが成長への道のりだっただけのことです。

もう一回ノートを見せにくる子

モデルという職業にとっては、どんなに些細《ささい》な体重の増量でも死活問題だそうです。

体重が1キロくらい増えたところで、ボクたちからすると、ちょっと食べ過ぎちゃったな、くらいのことかもしれませんが、プロのモデルさんにとってはすさまじい増量なのでしょう。

そこで落ちこんでるだけではダメで、「どうして1キロ太ったのか？」と的確なジブンスキャンをすれば、「1キロ分の食欲を抑えられなかった」→「1キロ分、エネルギー消費するには」「今後、どうやって誘惑に勝つか」など、体型キープのための具体策も練れるというもの。

宿題やテストもそう。

たとえばボクが、算数の時間に、答えが◯◯になる問題文をつくってみな、と課題を出します。単に数式の正答だけではなく、そもそも問題文として人に伝わる文章が作れているか、国語の勉強も兼ねています。

子どもたちが、順にノートを見せにやってきます。一人一人に、丸を付けたり赤を入れたりしますが、具体的に「ここをこうしなさい」という明確な正解や指示はそれほど言いません。

「これじゃこの答えにならなくない？」

「ん？　この言い方どういう意味？　わからん」

実際には、その子の特性に合わせて指導するのでケースバイケースですが、問題なさそうならこのへんで留めます。で、ちょっと放っておきます。ある子は、うーん、という顔をして、なんにも言わずすーっと自分の席へ戻っていきます。

しばらくすると、自力で書き直した問題文をまた見せにきます。ボクは「正解するまで見せにこい」なんて言っていません。

だけど、当たり前のようにもう一回きます。

なにも言わなくても、そのままにしておかないで見せにくる。

こういう子のことを、ボクは心からすげえなぁ、と思っていて、いち人間として感心して褒めます。

周りの子たちも、そういうボクたちのやりとりを見ていますから、次第にクラス全体にいい影響が出てくるのです。

なにかウマくいかないときや、「できない」とき、いろいろと理由はあります。

しかし、それで終わってしまったら、意味がない。ときに「運が悪かった」だとか、自分以外の外的な要因があるように思えても、その原因の奥の奥に、自分がすべきであったことが眠っています。

つまるところ、ジブンスキャンとは、第一に**自分のこととして責任を引き受ける**、というところから始まることなのでしょう。

どんなことであっても、責任を他人や社会などの外側ではなく、自分自身に帰着させて見つめるということ。

それが、ジブンスキャンなのです。

ボクが席替えする理由

教室というのは、本当にすごい空間です。

信じてもらえるかどうかわかりませんが、「気」がある。

ボクは仕事柄、客観視点をもたざるを得ない環境にあります。教室では常に、子どもたちに視線が向いています。彼らが各々、なにを考えて、どのように行動しているかを、つぶさに観察しているわけです。

季節や行事によって、子どもたちの「気」は変わります。いまは、前の方の席に、気の強い子がいるな。その子を中心にクラスの空気が回っている……など、強弱を察知できます。

「気」の流れを変えたいときは、席替えをします。物理的な移動によって確実に「気」はかく拌《はん》されて、またちがう空気や雰囲気がつくられる。

席替えは、物理的な移動だけではなく、視点を変えるという意味でも効果的だと思います。視点が変わって、これまでの席とはちがう光景がその子には見える。

大人でもそうです。

立ったり座ったりするだけでもいい。そのときの「気」をチェンジするには、まずは視点の位置を変えることです。

会社での仕事中、ちょっと停滞したり、煮詰まったりすることがあると思います。そんなときは思いきって、オフィスの席を替わってみるのはどうでしょう。「ちょっと席替わってくれない？」と頼んでみたり、使われていない席に自分の仕事道具を移動させてみたり。

あるいは机の前にあるものを一気に捨てて、新しいものに変えてみるとか？

いずれにしても、目に入る景色を一度変えてみてください。

カフェでも公園でも、たまには外で仕事をしてみるのだっていいでしょう。ジブンスキャンってなにから始めたらいいか難しそうですが、**まずは物理的に視点を変える**。席を替えてみる。それだけでまず、気分が新しくなります。

内緒ですけどボクも、放課後に仕事をするとき、先生用の机から離脱してけっこういろんな子どもたちの机を借りています。

タニンスキャン

なんらかの話し合いにしろ飲み会にしろ、その場からちょっと意識を離脱させてみることがあります。もちろん、大事な案件など、話の内容自体には耳を傾けていますが、「あの人はいまこんな気持ちで発言しているのかなぁ」と、ついついその場にいる人たちの観察モードに入ってしまう。

当事者の立場で参加していても、当事者になり切らないよう気をつけているんです。当事者に没入してしまうと、自分のことばかり気にしてしまって人間観察もできず、その場を俯瞰しにくいからです。どんな場でも、自分と組織全体を客観視する、外側の立ち位置にいたいと思っています。

他人を観察することは、いわば**タニンスキャン**です。

それは、客観視点でジブンデータを測る、ジブンスキャンと本質的に同じ作業だと思います。

メモアプリでスキャン貯金

メモアプリのEvernoteを重宝しています。

ノートのようにインデックスがつけられるので、子どもたち一人一人、その子専用のページを作って、毎日、とにかくちょっとでも暇な時間があれば、教室での様子で気になったことをメモっています。

例えば、「見た目から決めつけてたけど（※おとなしい子、と最初は見ていました）、給食たくさん食べるなー」だとか「最近、友人グループが替わってるかも。しっかり見よう」だとか。

アプリなら気軽にメモをためられるし、更新順にメモが並ぶから、あ、この子について最近メモってない、というのが一目瞭然。メモがないということは、それだけ平和っていうことでもあるのかもしれないのですが、いや、実はなにか見落としてる？　と、じっくり観察します。

それから、メモは「読み返す」ってことが肝心。そのときは感じたことを素直に書いて、日を空けてから、「どうして、そう感じたんだろう？」と分析します。

別にこれ、教師としては当たり前っちゃ当たり前の仕事なんですが、もしかしたらタニンスキャンとして応用できるのかも。

会社で気になる人とか尊敬してる上司を会議中などに観察して、「**あ、実はこんな論法でいつも喋ってるんだな**」とか「**タブレットにあのアプリ入れてるのか！**」とか、自分にも**マネできそうなトピック**をスマホでメモっておくのもいいかもしれません。

もちろん、教師は子どものことをじっくり見ていてもおかしくないですけど、部下が上司をいつもいつも凝視していたらちょっと怖いですから（笑）、こっそり適度に、ね。

バックグラウンドでジブンスキャン実行中

他人を見ることで、自分を見る。

あの人は、いつもこんなふうに生きているように見える。自分はどうだろう？ あの人は、よくこんなことを言っている。自分はどうだろう？

感覚的には、タニンスキャンをしている間、**バックグラウンドでジブンスキャンも同時進行**しているような感じです。

自分のことだけを見すぎると、「なんで自分ばっかり」なんて悶々とするようなことがあります。そんなときこそ、自分の内側へ入りこむより、外に出て他人のことをよく観察してみる。

他人もまた自分と同じように苦労して、いろいろと悩みを抱えていることがわかります。

そうしたら自分の悩みをきっと相対化できるし、必ずしも、自分を取り巻く外側の方に責任があるわけではないことが見えてきます。

決して、世界があなたにイジワルをしているわけではない。

そう、やっぱりタニンスキャンができていないと、ジブンスキャンはできないのです。常に往還関係です。

フェアに他人を見ることができれば、自分自身を観察する視界も、必ず明るくなります。

「チーム」のロジック

ルフィが活躍するビジネス社会

ジブンスキャン&タニンスキャンができるようになると、最終的にたどりつける視界、世界観があると思うんです。

自分ができないことができる人、すなわち自分の「補完作用」をもっている他人――それはたとえば上司や同僚かもしれないし、家族かもしれません――に、感謝できるようになる。

ジブンスキャンによって、自分のいいところ、ひいては他人のいいところを把握できます。他人の能力を知るというのは、ビジネスにおいては、とてもプラスに働くでしょう。

困っているとき、ボクたちはなんとか自分だけでトラブルを解決しようとしてしまいがちです。たしかに、どんなトラブルでもウマいことまとめられる人というのはまれにいて、一昔前までは、それが「有能さ」のスタンダードだったかもしれません。

でも、いまはどうでしょうか？

営業に強くて数字も読めて、ITスキルも高いオールラウンダーは、どの会社にも何人かはいると思いますが、その人が、その場からいなくなってしまったらどうなるでしょう。意外と、オールラウンダーに頼っているチームは、諸刃《もろは》の剣といえそうです。

成果の高いチームは、個々のビジネス能力は多少劣っていても、メンバーそれぞれの「得意分野の配置・配分」が絶妙なのです。

チームのなかでタニンスキャンが機能しており、**他人の能力を活かし合う環境**が、整っているといえます。

2000年辺りから、ビジネス全体が『ドラゴンボール』から『ONE PIECE』へと、移行していると考えています。

かつて少年マンガの王道の主人公は、圧倒的なパワーや頭脳、カリスマ性をもつ少年でした。『ドラゴンボール』の孫悟空が代表格です。他には『キャプテン翼』（いずれも集英社）の大空翼、『名探偵コナン』（小学館）のコナンくんなどが挙げられるでしょうか。

でも、2000年代以降の王道の主人公は、『ONE PIECE』（集英社）のモンキー・D・ルフィです。

ルフィも、身体能力や行動力に抜きんでていますが、思考力などの面では、かならずしも、秀でた男の子ではありません。彼が主人公というよりも、彼を中心に集まった、**賞金首の海賊団「麦わらの一味」が主人公**なのです。

ルフィの他、ゾロやナミやウソップたちの一味は、それぞれの特技をフル活用して、お互いの弱いところを補完し合いながら、海賊の仕事を成功させていきます。そして、ルフィは、自分を補完して助けてくれる仲間たちに、心から感謝している。

悟空や翼くんたちの圧倒的な個人での活躍も、魅力的にはちがいありません。

しかし、「麦わらの一味」のように、一人の突出したカリスマの力ではなく、「**補完**」と

「**感謝**」が循環しているチームプレーで高い成果を得ることが、現代のビジネスの主流にもつながっていると思うのです。

もう、正六角形人間じゃなくていい

ＩＴ革命のお陰で、多くの仕事が省力化され、飛び抜けた能力をいくつももつスーパーマンが求められる世界ではなくなってきたという実感があります。

得意・不得意が、でこぼこな人でもたくさん活躍できる。いやむしろ、でこぼこであればあるほど、活躍するチャンスが多い社会になってきたのではないでしょうか？

個人の能力を測るレーダーチャート、どこかで一度は目にしたことがありますよね？

コミュニケーション、事務処理能力、体力……などなど、６つの項目（項目内容はそのときどきによります）の角をもつ、六角形の評価図がレーダーチャートです。

項目ごとの評価に合わせて、面積を埋めていきます。角の頂点に近いほど、評価は高くなる。

昔のビジネスの世界では、六角形の形がバランスよく、しかも面積が大きいほど、優秀な人であると評価されてきたのではないでしょうか。とにかく正六角形を目指せと、そう教えられてきたかもしれません。

でも、もう正六角形になんてならなくていいのです。

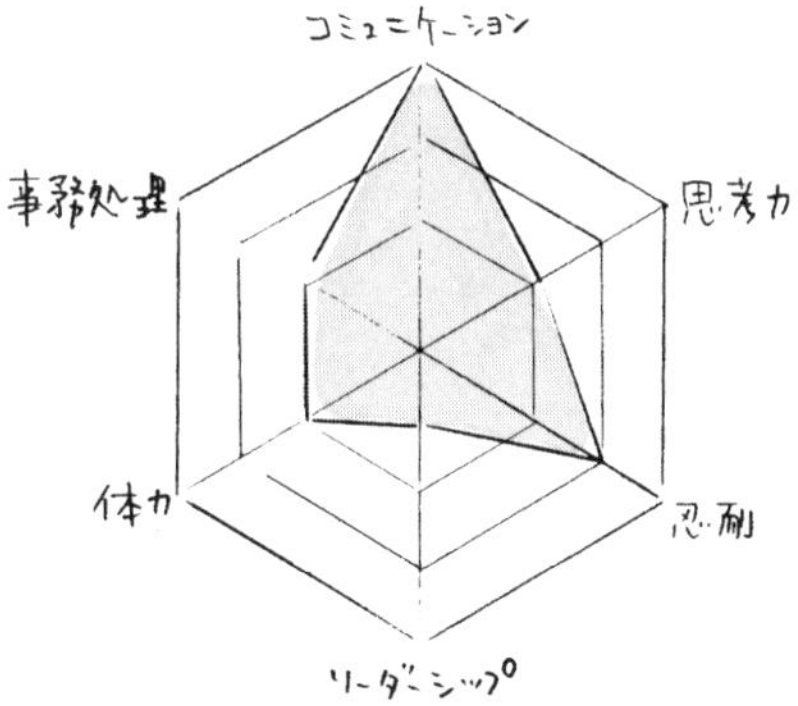

ルフィみたいに、バラバラの六角形でいい。いや、むしろそれがいい。

コミュニケーションが苦手な代わりに、事務処理能力には長けている。地道な作業は苦手だけれど、交渉においては超一流。現代では、そういう個性と個性がタッグを組んで、チームとして活躍しています。

チーム全体で、正六角形に近づければＯＫなのです。

そもそも、レーダーチャートの全ての項目を満たした、正六角形人間なんて、人間である以上は存在しないでしょう。すごく優秀に見える人でも、意外にも周りの知らないところで、人知れず悩んでいたり、苦手なことがあったりするものです。

正六角形をむやみに目指すのではなくて、「得意なところ」を存分に活かして、苦手なところは**他人の力を借りまくってください**。

自分の補完作用をもっている他人を大事にできるようになると、成果は上がり、チーム全体の評価だって上がります。結果的に、どんどん働きやすくなる循環に入れます。

余談ですが、ボクはもう、とても面倒くさがりだし整理整頓なんかも苦手なんです。子どもたちがやった自習プリント。丸つけはもう子どもたち同士で済んでいますが、最後にボクがチェックしないといけません。しないといけないんですが、出席番号順に並べ直してチェックを入れて……という単純作業が、よしやるぞ……！　と、だいぶ気合を入れないとできない。

そんなタンニンを見た子どもたちはある日、プリントを事前に出席番号順に並べた状態で提出をしてくれました。ボクはそんなこと指示していませんし、そもそもそんなアイディア自体、思いもつきませんでした。

些細なことに思えるかもしれませんが、この一工夫が「できない」側からすると、すごいことなんです。

それに、本来、自分が提出してそれで終わりでいいところ、ボクの**「苦手」を見ていて、**子どもたちはフォローしてくれた。ありがとうを言いまくったのは言うまでもありません。

教室でさえこんな調子のボクは、普段あんまり悩むことがありません。できないことにはそれほど落ちこまず、すぐさま他人に協力やアドバイスをあおぎます。

それを考えると、悩みやすい人というのは、「自分のことは自分でやる」という、とても真面目な人であるはずなのです。

「自分のことは自分で」は、素晴らしいことなのですが、いつでも厳守すべきルールというわけではありません。とりわけ、仕事においては。

他人を頼れるようになると、これまで自分には苦手だと思っていたことも、そのサポートによってウマく回りだし、もっともっと「デキルスパイラル」に入ってきます。

どこからどこまでを「外注」すれば効率的なのか。

あなた自身の幸せのために、やれることを伸ばし、遠慮なく他人の手を借りれる人になってください。

ノブナガに学ぶ〝適材適所〟

もちろん、「他人に頼る」と言っても、なんでもかんでも、というわけにはいきませんよね。他人にもまた、その人それぞれに、できること・できないことがあって、そこに目を向けられるかがポイントです。目指すのは「自分だけラク」ではなく「みんなハッピー」。

戦国武将は、オールラウンダーのスーパーマンみたいな人物が、功績を挙げていました。武田信玄《たけだしんげん》、上杉謙信《うえすぎけんしん》などが当てはまるでしょう。

ところが織田信長《おだのぶなが》くらいから、どうも様子が変わってきます。

諸説あるでしょうが、織田信長は、他人のできること・できないことを見極める力のあった人物だったと思います。桶狭間《おけはざま》の戦いでも、斥候《せっこう》能力の高い部下を使い、巧みなスパイ活動で今川義元《いまがわよしもと》の軍勢を破りました。

要は、デキる部下を見つけて、才能を見抜き、しかるべきフィールドに配置するのがウマい武将だったのです。

歴代戦国武将のなかでも、戦術も腕力も体力も際だって優れた、オールマイティーな正六角形タイプの武将だった信長本人が、実はこんなに**「タニンスキャン」能力に長けていた**というのは、とてもおもしろいと思いませんか？

そして信長の後、実際に戦国の天下をとったのは、豊臣秀吉《とよとみひでよし》や徳川家康《とくがわいえやす》です。彼らは卓越した知力で優れた人材を配置し、長く国を治めました。

いまだにファンが根強い三国志も、タニンスキャンできる武将の存在が、さらに顕著でしょう。

劉備《りゅうび》は人徳、諸葛亮《しょかつりょう》は知力、張飛《ちょうひ》は武力……などなど、武将それぞれの特性はバラバラでした。でも彼らが共闘して、チームを組むことで、膨大な数の兵を動かしたのです。そして、中国史に残る功績を挙げていきました。

まず、適材適所を考える。

これこそ、チームの理想像だと思います。

ない能力を嘆くより、ある能力に感謝する

ボクの友人、西表島《いりおもてじま》出身のシンガーソングライター・池田卓《すぐる》くんは、いつも口癖のように言います。

「**ないものを嘆くより、あるものに感謝しろ**」と。

彼は全校生徒が10名前後しかいない離島の学校で育ちました。子どもの頃は野球に没頭したそうですが、同じ学年の子どもがおらず相手がいないので、ボールを打つ練習ができませんでした。だから野球のバッティングは、苦手だそうです。

でも、低学年の頃から、校庭をぐるぐる一人で走り回っていて、足がとても速かったし、

ボールを投げる練習なら、一人でだっていくらでもできました。もし野球選手になっていたら、打者は無理でも、とても優秀なピッチャーとして、活躍できたかもしれません。卓くんにとっては、走力や投力は、感謝すべき「あるもの」なのです（現に、その能力で強豪校であった沖縄県立沖縄水産高等学校に進んだほどです）。

ボクも、ない能力を嘆くよりもある能力に感謝したいです。

その感謝をできないと、いわゆるジェラシーが生まれる。

ボクたちは、自分に「ない能力」のことを直視できないとき、能力の合っていないフィールドで評価されないことを、不満に感じてしまいます。それが「ある」人をうらやましく思う。だから永遠に満たされないのです。ともすれば、みてみて欲だけが化け物のように肥大していく。

ジブンスキャンが目指す「② **他人と比べないこと**」とは、そういうことです。

自分のできる・できないがわかってくると、他人の「できる」に感謝ができるようになるし、自分の「できる」にも誇りが生まれる。

そもそも、他人と自分は環境や思考が、まったくちがいます。オリジナリティのある個として、まったく違う存在同士、本来的には比較し合えるものではないのです。軸足はあくまでも自分自身。そして、互いの能力を認め合うためにスキャンをする。それだけは、ブレてはいけません。

自分にはない能力に気づき、ある能力への感謝をふくらませることが、これからの長い人生、みてみて欲と付き合っていくにもクレバーでしょう。

不満やジェラシーなどの**ネガティブで不寛容な感情に、みなさんはくれぐれも負けないように**。ジブンスキャンもまた、自分の心のケアにも有効みたいです。

ちなみに気をつけたいのは、自分にない能力に気づくことは「自分ができないことから逃げればいい」ということではない、ということ。

さっき、ジブンスキャンとは「①　自分の『できないこと』を認め、向き合うこと」と話しましたよね。

そこにおいて重要なのは、あくまで受け入れる、直視するということ。

できないことは恥ずかしいことではないのですから、そこから目を背けずに、まずはできないことを自覚して認める。

ただし、そこから先のことは自由です。

たとえば自分の夢のために、それが「できない」のが致命的なことならば（営業職を目指す人が、コミュニケーションが苦手だとか）、改善の努力をしていくべきでしょうし、必ずしも自分の人生にとって必須でないと判断するならば、その「できないこと」は自分の不得意なんだと認め、それについてはもう、できる他人に任せて、代わりに自分ができることを伸ばせばいい。

いずれにせよ、それらはまずもって「自覚し、認める」こと抜きにはできないということなのです。

「やりたいこと」問題

「フィールド」持ち点＋「伝え方」追加点＝満足度

最近、大学生など、若い人からこういう悩みをよく相談されます。

「**自分が得意なことと、やりたいことがちがう**」。

得意なこととやりたいことのバランス。

進路を決める上で、これは重大な問題でしょう。

まず最初はジブンスキャンを徹底し、自分が戦うためのフィールドを決めます。

最初にこれをやるべきなのは、絶対に固定です。

得意でも苦手でもないフィールドを選び取った場合は、フラットに1倍の持ち点で社会人生活がスタートします。でも、自分の得意を活かせる、居心地のいい場所を選び取ったとき、持ち点は、その時点で1・5倍。

あるいは「自分に向いていないフィールド」を選び取ってしまったら、0・5倍からのスタートになるのでしょう。

戦いの持ち点が決まりました。大事なのはここから。

どこのフィールドを選んでも、仕事の実質の成果と、あなたのみてみて欲の満足度は、別問題です。

ここから第1章での**「伝え方」問題**が浮上します。

1・5倍の「居心地いいフィールド」を選んでいても、仮に「伝え方」が上手でなかったら、周囲からあなたは見てはもらえないかもしれない。見てもらえないということは、他者から十分な評価を受けられないかもしれない。持ち点は1・5倍スタートだけれど、みてみて欲的な面では、不満な状態が続きます。

働く上でのセルフケア、という話をしましたが、これだと精神衛生上、よろしくない。

反対に、あくまでも自分の「やりたいこと」優先のため意図的にかもしれませんし、単純にジブンスキャン不足なのかもしれませんし、理由はいろいろでしょうが、0.5倍スタートの「向いていないフィールド」をあえて選んだ場合を考えてみましょう。

最初の持ち点こそハンデがありますが、伝え方スキルが高ければ、0.5倍の実力の範囲内でも最大限の評価を受け、みてみて欲は満たされる可能性があります。

ヘタしたら、1.5倍スタートの人よりも、トータル得点で、働く際のモチベーションは、勝ててしまうのかもしれません。

みてみて欲は、働くフィールドの持ち点にかかわらず、スキル次第で満たせる可能性があるということです。

最初に得意フィールドで持ち点が決まり、伝え方の追加点を合わせることで、みてみて欲を含めたトータルの満足度が決まる。

働く上でのモチベーションとは、そんなイメージです。

「フィールド」持ち点と「伝え方」追加点は別項目。つまり、最大効果が期待できる

「得意フィールド」で戦ったとしても、みてみて欲が満たされていない可能性は多いにあり得るということです。

それは前にも話したように、伝え方の工夫次第でカバーできます。

どのフィールドを選び取るかは、当たり前のことですが個人の自由で、人生でなにを優先するかは、好きなように決断しましょう。

ジブンスキャンした上で、得意を活かせるタイプの居心地のいいフィールドでは必ずしもないけれど、それでも「やりたいこと」の方が重要で、自分にとって幸福なら、当然その「やりたいことフィールド」を選んでいいわけです。

重ねて言いますが、自分の意志で、好きな道を選んでください。

ただし、あえて居心地のいい場所を選ばない場合は、その分、伝え方スキルを身につけて、**自分を守ってあげなければならない**ということです。

ところで、ここでちょっと、またも「そもそも論」を投げかけてみようかと思います。

「やりたいこと」って、一体、なんでしょう?

期間限定チャレンジ

本当に「やりたい」なら、もうすでに「やっている」はずなんです。

「やりたい」じゃなくて「やっていること」になっているはずなんです。

これはぜんぜん言葉遊びなんかじゃなくて、現実問題、「やりたい」とか言っているうちは、「できていない」ことなのだと、まずはちょっとシビアに、その認識からスタートしましょう。

だから、「やりたいこと」がある人には、ボクはいつもこのようにアドバイスします。

「期間限定で、やってみたら?」

身近なことをいえば、うれしいことにボクの教育法をマネしてやってみたい、という後輩の教師がいてくれたりします。

ただ、ボクの教育スタイルは独特なので（自分ではど真ん中ストレートだと思ってるんですけど……）、厳しい意見や批判を受けることもままあるわけです。それでも、「沼田先生の方法を『やりたい』」という後輩には、冗談交じりに「オレが骨を拾ってやるから。まず期間を決めて、やってみたらいいよ」と言います。

この「期間限定」チャレンジのアドバイスは、けっこうみんなに効きます。引き返せる保証もあって安心感がありますし、なにより、期間限定でもなんでも、とにかく「実際にやってみたんだ」という、成功体験をつくることもできるからです。

「やりたい」ことがあるなら、何週間～何か月だけと、期間を決めて本気でチャレンジしてみましょう。自分で期間を限定すると、チャレンジするハードルが、気持ちの上で少し下がると思います。

まずそもそも本当に「やりたいこと」だったのか？　そこも確認できて、ジブンスキャンにもなるはず。逆に「得意なこと」にも、向き合えるでしょう。

「やりたいこと」を、欲求だけでためこんでいるのが一番もったいない。

「得意なこと」は、そうたくさん見つからないかもしれませんが、「やりたいこと」をやるのは、本来はすごくカンタンなはずです。

チャレンジ前夜のボクたちの不安や恐怖は、ほとんど思い込みからきているもの。自分でつくりあげてしまった思い込みに恐れずに、まずは一日でもいいです。「やりたいこと」をやって、自分の不満を、やっぱりここも「**セルフで**」解消してみましょう。

まずは、動きだすことです。

「やりたいこと」は絶対、向こうから勝手にきてくれることはありません。

自分から獲りに行きましょう！

「やりたいこと」＝サムシング・スペシャル？

「やりたいことと得意なことがちがう」という悩みの一方で、「やりたいことがない」という真逆の悩みも耳にします。

この悩みには、実はけっこう共感しちゃいます。

ボクには、いまも昔も、「やりたいこと」がないのです。

無気力、って話じゃありません。

おそらくボクは、基本的に「現在」だけで生きているのでしょう。いいのか悪いのかわかりませんが、性質的に「いま」のことしか考えられなくて、将来ああなりたい、こうなりたいと、あんまり思っていないのです。

なんとなく、**「やりたいこと」とは、特別なもの――サムシング・スペシャルでなくてはいけない**、という意識がありませんか？

ボク自身、毎日平凡に暮らし、週に1、2回くらい近所の飲み屋で飲んで、月1回はゴルフ……そのくらいでけっこう最高で、「やりたいこと」の人生は、満たされちゃっています。

それだってまぁ別にいいはずで、「インフルエンサーになる」とか「世界一周」とか、**特別感のある夢が「やりたいこと」でなくてはいけない、という無言の圧力**のようなものを、ボク個人的には感じています。

よく「沼田先生は今後、なにがやりたいですか？」と聞かれます。

「なんにもないです」と答えると、「えっ？」という反応をされます。

「日本の教育界を変えたい！」的なビッグな発言を期待されている空気もうっすら感じるのですが、さらさらそんな気もなく、もう本当に、「今日これでよかったか」「明日子どもたちとなにするか」のくり返しだけで毎日ヘトヘトです（笑）。

やたら子どもに将来の夢を聞きまくるボクたち教師にも責任がある気がするんですが、「やりたいことがない」というとき、「**スペシャル探し**」の文化になっていないか？　という疑問です。

そこまで、「やりたいこと」のハードルを上げないでも、もうちょっとのんびりした考え方でもアリなんじゃないでしょうか？

特別な夢ばかりたくさんもっていないと、ボクたちは成長できないのかというと、いやいや、ぜんぜんそんなことはありません。

大切なのは「いま現在」。

成長するには、現在の自分の立ち位置を明確に認識することです。

あまり極端に**「やりたいこと」至上主義**になると、「やりたいこと」を言い訳に、現状の仕事や生活を「やりたくないこと」と低く見積もって、全体のパフォーマンスを下げてしまいかねません。

すると「やりたい」とか「やりたくない」とかもう関係なく、チャンスが逃げていってしまう。

だから、明確でスペシャルな「やりたいこと」がいまはなくたって、あんまり自分を責めないでください。

「やりたいこと」は特別でも平凡でもどちらでもいいし、なくてもまぁ、とりあえずいまのとこ問題なし、くらいの気楽な価値観もまた、広まってほしいところです。

「得意」×「やりたい」のコラボレーション

本当に多くのご縁が重なって、現在の東京学芸大学附属世田谷小学校に勤務することになりました。それからというもの、毎日目の前の子どもたちのことと、ボク自身の日常生活のことで精いっぱい。

天職だったのかもしれませんし、そうじゃないのかもしれません。

オレはここで勝負する！　とまで意気込んではいませんでしたが、ここでなら自分の生きていく根拠がある……というか、なにより子どもたちがそれぞれに輝く方法を、一緒に考えていけるという自信だけは、ありました。

知らない間にひたすら人間観察しているような自分なので、とりあえずそこに関しては向いてる、と。

この「**とりあえず向いてる**」が、いまの仕事のやりがいと地続きであるのです。ボクにとって「得意なこと」を活かしているうちに、教師の仕事で食べていけるようになり、結果的にはこうしてビジネス書まで書かせていただいているように、さまざまな仕事に枝分かれし、多くの出会いに恵まれています。

いろんな人と出会い、いろんな話ができることは、ボクにとってめちゃくちゃ刺激的で「好きなこと」であり、この場合「やりたいこと」の範疇でしょう。

つまり、ボク個人の実感にすぎませんが、「得意なことと」と「やりたいこと」が、完全に相反するものだとはどうしても考えにくいのです。**両方をかけ合わせること**で、仕事には、ハリが出てくるのではないか、と。

「やりたいこと」「得意なこと」「そもそもやりたいことがないこと」……、いずれにしても、それらのトピックで悩みのある人は、一回立ち止まって、自分ができること・できないこと・やりたいこと・やりたくないこと――「やりたくないこと」、これを基準に考えるのもアリでしょう――、じっくりジブンスキャンして振り返ってみましょう。

そうしたら「得意なこと」と「やりたいこと」との間に、なんらかの共通点やコラボレーションできる要素を見つけられるかもしれません。

いまのところ、「得意なこと・やりたいこと」問題に関しては、**両者のコラボ**が少しでもできていることがベター、というのがボクの答えなのですが、みなさんの意見はどうでしょう?

あまりにも多種多様なビジネスの世界。「いや、こんな働き方はどう?」というのがあったら、ぜひ、教えてください。

現在／過去／未来マインド

軸足をどこに置くのか

先ほどから、「いまが大切」とか言っていますが、現在・過去・未来、人生における時間のどこに軸足を置くかということを、いつも気にしておきたいと思っています。

本の最初で話したように、山登りのように考えてみましょう。人生を時間で区切って、過去→現在→未来へと、登っていくイメージです。

現在に軸足を置く、現在マインド。
過去に軸足を置く、過去マインド。
未来に軸足を置く、未来マインド。

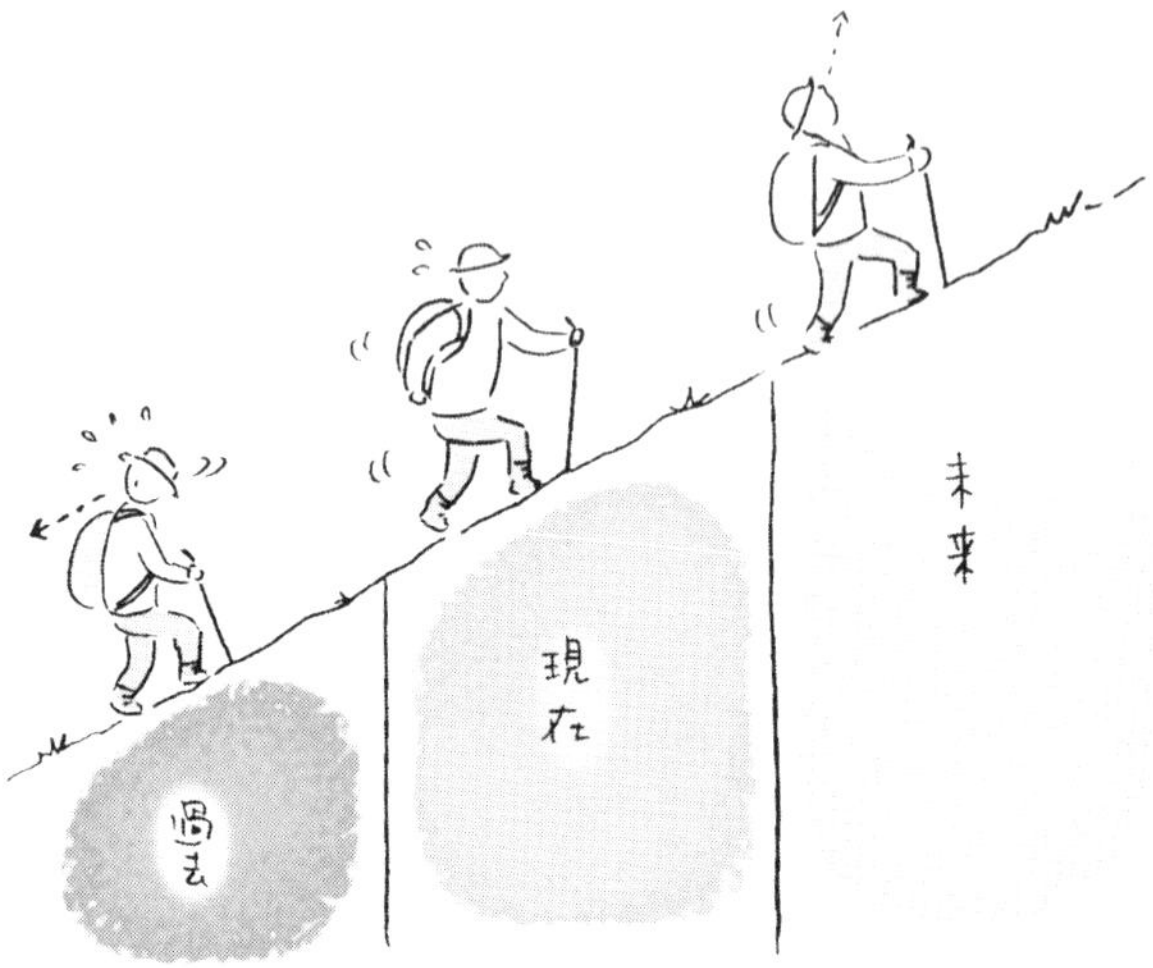

一生懸命に山を登る人は、途中でちょっと振り返ると、「おっ、ずいぶん歩いてきたんだな」と実感できます。

苦しい一歩を積み重ねていくなかで、適度に立ち止まり、たまには自分を褒めてあげながら進んでいく。これは**現在マインド**の、理想的な進歩の在り方ではないでしょうか。

ひたすら頂上を目指して進む、**未来マインド**の人もいます。

前向きでいいのですが、現在の自分の状況を見ていないまま、無防備に山を登っているのだとすれば、ちょっと不安。

それから、年齢とともに、未来マインド

の山登りはハードになってきます。

歳を重ねると、これまでの成功体験がときに邪魔をして、登っていくためのリスク管理や、新しい景色への感度が鈍ったりしていくものです。物理的に体力も落ちてくるし、上へ行くほど、風当たりも強くなるでしょう。

ボク自身は40歳を節目に、山登りの負荷を感じるようになってきました。

年齢を重ねるごとに、体力的な面で、未来マインドの山登りは、注意しなくてはなりません。

もっと避けたいのは、ちょこちょこ振り返ってばかりいる、**過去マインド**の登り方です。

「まだこんなところまでしかきていないのか……」、過去に通り過ぎたポイントばかり見つめ直し、なかなか前に進もうとしません。振り返る回数は多いし、立ち止まる時間も長い。時間の流れはいつも均一で止められませんから、その人だけ過去に取り残される危険をはらんでいます。

そしてこれは、例の「デキナイスパイラル」への入り口になりかねません。

ジブンスキャンで目指すことの3つめは「**③　過去にこだわらず現在を生きること**」。

スキャン対象はいつだって「**現在の自分**」なのです。

美学と固執のちがい

自分なりに向上心をもって登山しているつもりでも、ふとしたことで人は過去マインドに引っ張られます。

時間は必ず進むので、過去は次々に過ぎ、そして次々に新しいものが生みだされます。その速度に追いつけなくなると、過去マインドが巡ってきます。

かつては素晴らしかったものが、新しいものの登場によって、見向きもされなくなる。これはビジネスの世界の摂理でもあるでしょう。

「現在」の文脈のなかでは、常に景色はアップデートされていますが、その分、全てのものが古くなります。

どんなに優れた方法論も考え方も、やがては古びるのです。

この避けられない現実に、自覚的であるかどうか。これこそ、人が「成長し続けられるか」のカギであるように思います。

自覚できているのであれば、あえて過去の文脈をよしとしたってていいんです。新しいものがいっさいがっさい素晴らしいものだとはかぎりませんからね。

たとえそれが、現在のシステムにはすでに乗っていない「古い」ものであったとしても、自分にとって代えがたい、素晴らしい価値があるのだとしたら、あえて古い文脈をよしとしてもいいと思います。

くり返しますが、大事なのは、**そのように自覚できているか？**ということです。

自覚した上で「古さ」を大切にするなら、それはその人の美学になります。「アンティーク」なんてまさに、そのような価値付けや時間への視点があってこそ、機能するものでしょう。

問題なのは、過去にあるものやシステムを、「それしか知らない」「知ろうとしない」態度です。未知のチャレンジや物事に、「**そんなのダメ**」「**もう知ってる**」「**前と同じ**」などと、皮肉気味に評していると、あっというまに過去マインドに飲みこまれてしまう。

大きくいえば、要するに、時代の有り様やシステムの変化から目を背け、既得権益を守っているだけの大人たちのこと。

あるいは既得権益を守っていることにすら気がついていない大人たちは、悪質です。擁護する言葉はありません。

だけど嘆かわしいことに、過去に固執した「**あの頃はよかった系**」の大人たちが、多くの若い人たちの権利や環境を左右する、大事な決定権を握ってしまっているのもまた事実。

そんな世界は変わらなければならない。

ボクが普段、自主性や意欲を引き出す授業にこだわるのは、目の前にいる子どもたちが将来、そういう過去マインドに自分の力で立ち向かって、未来へチャレンジできる人になってほしいからです。彼らには、絶対にそれができるはず。

これからのビジネスパーソンは、自分が変えたくない大事なことと、アップデートしておかねばならないこととを常に区別・自覚し、軸足を「現在」にしっかり置いて山を登れるようになりましょう。

そのためのバックアップが、教育の仕事です。

ボクたちはなぜ、帝国ホテルへ行ったのか

たとえばボクの名前をネットで検索したら、「世界一」だとか「帝国ホテル」がうんぬん、という言葉がたくさん出てくると思います。

２０１５年、当時タンニンしていた6年1組のみんなと行った、「世界一の卒業遠足」。彼らとの詳細な記録は他の本にゆずりますが（『「変」なクラスが世界を変える！』中央公論新社）、第1章で述べた「プロジェクト」、これを子どもたちの自主性に任せて同時多発的にたくさん発生させたのはこの6年1組が初めてのことでした。

学級文化系（クラスの雰囲気をよくする）やティーチャー系（子どもたちが先生役を務める）のプロジェクト、彼らは自分たちの興味・関心に応じて、本当に数多くのプロジェクトを打ち立ててくれました。ただ、これだと長期的にプロジェクトを立てていくモチベーションを保つことができないのではないか。

ボクは彼らに、**最終目標があった方がいい**、と提案しました。

そこで彼らが決めた最終目標が「ボクたちは、世界一のクラスになる。その仕上げとし

て、卒業遠足で帝国ホテルのレストランに行ってランチを食べ、みんなでリムジンに乗って学校に帰る」だったのです。

ずいぶんインパクトのある目標を考えたもんですよね。

「……それはかなりお金がかかるぞ、どうする?」

彼らは、小学生が応募できて、賞金が出るコンテストをとにかくたくさん見つけてきました。みんなで力を合わせて、コンテストに入賞して、賞金稼ぎをしてお金を貯める、と言うのです。

これに伴っては、本当にいろんな姿を見ることができた。

それまで活躍の機会が少なかった子が冷静にジブンスキャンして、「**作文ならなんとかなるかも**」とがんばり始めて、結果、誰よりも活躍したり。

みんながお互いのタニンスキャンをし始めて「**おまえは絵がウマいから、これに出してみろよ**」と、得意分野を見つけ合ったり。

彼らは1年を通してのべ40以上のコンテストに1000点を超える作品を応募し、30以上もの賞を受賞。稼いだ賞金であの帝国ホテルのディナーに自分たちの力だけで食べに行くことができたのです。予想以上の大健闘で賞金も増えて余裕ができ、「ランチ」を、みんなでより長い時間を共にできる「ディナー」にする、という嬉しいプラン変更までできました。

結果的に、6年1組のこの1年間のチャレンジは、さまざまなメディアに取り上げられることになります。

小学生が遠足で、リムジンに乗って帝国ホテルに行くんです。そりゃあ、よくもわるくも、その派手な部分ばかり注目されてしまう、という面もあります。致し方ないことです。けれど、ぶっちゃけそこのところはこの話の本質ではない。

一見、ド派手で、賛否両論生まれそうなこの計画を、なんでボクはGOしたのか。

それは、彼らがこれから先の長い人生、失敗したときやツラいときに背中を押してくれる成功体験、**いつでも開けられるタイムカプセル**をつくりたかったからです。

新学期、新しいクラスを受けもつ度に、ボクは「**このクラスを世界一のクラスにする**」と宣言します。

世界一、って抽象的ですが、ボクのなかで定義はハッキリしていて、子どもたちが大人になったときに、友達との飲み会かなんかで子どもの頃の話になったとき、「**オレたちのクラスはこんなに楽しかった！**」「**こんなスゴイことを成し遂げた**」と胸を張って語れるクラスのこと。

これがボクたちの「世界一」です。

自分たちのなかだけで大切にされる概念であって、別に、誰かと競い合うための比較の言葉ではないのです。

ボクが子どもにプレゼントしたいのは、**これからの人生を歩きやすくするための成功体験であり自己肯定感**。大人になってツラいことがあっても、それがあればまた元気になれるような思い出を積ませて、人生の強固な地盤をつくっておいてあげたい。

過去に固執していてはいけない、という話をしてきました。

山登りの最中に、何度も何度も「あの頃はよかった」と振り返ってばかりいてはいけない、とも。

それはそうです。素敵な思い出を振り返るのは、へこたれそうで自信を取り戻したいときや、新たなチャレンジへジャンプするときのエネルギーをつけたいときだけでいいから。

「あのときもがんばれたから、きっと今回だってウマくいく」

「あのときみたいに、みんなと協力したらなんとかなるかも」

その子の人生にとって重要な局面でこそ、過去の思い出は力を発揮するのです。

いつでも開けられるけど、だからって、本当に毎日のようにタイムカプセルを開けていたら、中身の熱が逃げていきます。


大切なのは、いま。

本当に大事なタイムカプセルを開けるのは、**たまーに**、でいいのです。

掃除中にダンスをするし（後で詳しく！）、運動会は恐ろしいほどがんばるし、「世界ー」とか言いだすし、なんだかまるでヘンテコな熱血教師みたいに思われそうですが、それらは彼らのやる気・意欲を引き出すためのボクなりにそれぞれ理論や根拠のある「教育法」ではあるけれど、結局のところ、みんなが苦しいときに開けてみるタイムカプセルのなかに、成功体験の宝物をいっぱい詰めておいてあげたいから、やっているだけなんです。

失敗したときに失敗したまま、絶望したりしないように。自分の人生を、他人や社会のせいにしたりしないように。

それが叶うのなら、踊ろうがリムジンに乗ろうが、極端な話、やることは別になんだっていいわけで、逆に言うと、教室で巻き起こる全てのことが、宝物になる可能性を秘めているわけです。

過去マインドからの脱却

現在マインドを保つのは、なかなかハードなことです。

ボク自身も現在マインドで生きることを心がけてはいますが、教師という仕事の性格上、思わぬときに悪い意味での過去マインドが現れて、戸惑うことがあります。

学校という場所は、本当に特殊な時間の流れ方をしています。卒業生がたまにボクを訪ねてきてくれるのですが、当然、身長も顔立ちも立派に成長しています。だけど、成長したその姿の向こうに、初めて出会ったときのまだ幼かったあの頃の顔を見てしまう。

過去の記憶が、現在の本人を見るときのフィルターになってしまう。どうしようもないことなのかもしれません。

教え子の側も同じです。彼らも、数年分、歳をとったボクを「子どもの頃に教えてもらったぬまっち」として見ています。

過去マインドだけで人間関係がつながっていく。これは、ちょっぴり怖いことです。

学校の先生という存在は、よくよく自覚的でないと、どんどん過去の人になってしまう。時間が流れ、誰もが成長して、過去が積み重なっていく事実は、変えられません。

変えられないから、過去に陥りやすい。過去マインドは、けっこう厄介なんです。

意識をしゃんと整え、過去マインドからは脱却しないといけません。


どうしたら脱却できるのでしょう?

ボクの場合は、教え子のがんばっている姿を見ることで脱却できています。

彼らの努力は、現在を強く証明するものです。

だから、教え子と再会したら、「いま」どんなふうに過ごしているのか、とにかくインタビュー攻めです。


これもまた**タニンスキャンからのジブンスキャン**なのです。

他人が残した具体的な成果や実績、事実、そういったものを目の当たりにしたときに、

「**過去はもう過去のことだ**」と、過去マインドから脱却せざるを得なくなる。


つまり、過去マインドからの脱却は、タニンスキャンして現在にフォーカスすることによってクリアできます。

そして、そのことは当然、「バックグラウンドで」ジブンスキャンの作業にもつながっているということです。

永遠の問い

さて、どうでしょう。

自分のこと、どれくらいわかってきましたか？

あなたは一体、「何者」なのか。

すぐさま答えが出るようなことではありません。**ジブンスキャン&タニンスキャン**は生きているかぎり、きっと永遠にやり続けることになる作業なのだと思います。

途方もないことだけれど、たぶん、楽しくなってくるはずですよ。

ボクのクラスの子どもたちが、その根拠です。

成長のカギ

「ジブンスキャン&タニンスキャン」で「補完」と「感謝」を！

①「ジブンスキャン&タニンスキャン」できるようになる
②「できないこと」に気づき、「できること」に感謝する

Theme 3.

ストレス

ストレスと人間関係

イライラコップ

コップを想像してください。

マグカップ？　ワイングラス？　いや、なんかごくふつうのガラスのコップでいいかな。

そのコップを「**イライラコップ**」と名付けることにしましょう。

あなたのイライラコップには、日々、いろんな「イライラ」が注がれます。「毎日忙しすぎる」とか「あいつのあの言い方はなんだ」とか、まぁ、いろいろ。

コップのサイズは人それぞれ。イライラの水が即座にいっぱいになってしまう小さいコップの人もいれば、割と待っていられる大きいコップの人もいます。

で、コップの隅の方を見てみると、あれっ？　……このコップにはどうも、穴がついているみたい。

注がれるイライラが、その穴からちょろちょろと、出ていっています。ムカつくことがあっても、おいしいごはんを食べて、ぐっすり寝て次の日朝起きたら、忘れていたり、まぁまぁそこまで怒ることでもないか、と冷静になっていたりすることがあるでしょう？

それは穴からイライラが排出されているから。

穴もまた、人それぞれ。大きい穴の人もいれば小さい穴の人もいる。

たとえばそうですねぇ、ボクの場合、イライラでコップがいっぱいになってきたとしても、ゴルフに行ったらかなり排出できると思う。

だからボクのコップの穴はゴルフ、でしょう。しかも大きい穴です。

でも、問題はゴルフってそんな毎日のように行けるものでもない。そのあいだに「イライラ」が注がれて注がれて、追っつかない、なんてことも起こるでしょう。

「イライラコップ」が実質パンパンの状態。心当たりありません？

デフォルトの穴じゃ到底間に合わないときがきます。

そういうとき、ボクたちにはどれだけ「**取り付け式の穴**」をたくさん用意できているかが問われます。

ゴルフや旅行ができないときは、なんでもいい、友達とお酒を飲むとか、バラエティ番組を見るとか、たまに競馬とか。穴は、あればあるほど、役に立つのです。

あなたのコップはどのくらいの大きさのコップですか？

穴は、どれくらいついている？

……と、いうような授業をよく子どもたちにやります。

彼らの「イライラ」は、お家での「早くしなさい！」であり「勉強しなさい！」であり。もちろんクラスでもさまざまなことが巻き起こりますから、学校でのイライラもあるでしょう。子どもたちも、やっぱりいろいろと思うところがあるみたいです。

人間、イライラはするんです。

「イライラするな」は無理。すでにあるもんをなくそうとすることは、対処法として賢いとはいえません。そのかわり、「穴を増やしとけよ」と言います。

とりわけ、成長とともにどんどん増やしていけたらいいですよね。それと、成長とともに、コップ自体を大きくする努力もしておきたい。

ベストは、「**コップ大きめ、穴大きめ**」or「**コップ大きめ、穴たくさん**」。

写真（「イライラコップをしっておく」）のとおり、1年生の子どもたちも、いろんな「取り付け式の穴」のアイディアをくれました。さっきのボクでいうゴルフのように「えをかく」「本をよむ」という**趣味の穴**。

この穴が機能するようになってからの話ではあるのですが、子どもたちは「**イライラガード**」についても考えてくれます（写真「イライラコップ２」）。

要は、「イライラ根絶」は無理なんですが、イライラコップにイライラが入る前に、察知してガードする「イライラガード」。必殺技みたいですね。

「すぐあやまる」とか「わすれる」とか、「うなずくけどちがうことをかんがえる」のような（笑）、**即実行できるスキル**という感じです。

「穴」も「ガード」もどちらも、もっておければ安心です。

そんなアンガーマネジメントの授業を子どもたちにした後、ボクはその日、出張に行くことになっていました。

予定の時間がせまっていました。学校の前でタクシーをつかまえて、即行で空港へ行きたかったのに、こういうときに限ってタクシーがつかまらない。

イライラ。

下校していく子どもたちがそんなボクを見て、「**ぬまっち、イライラコップ！**」と言いました。

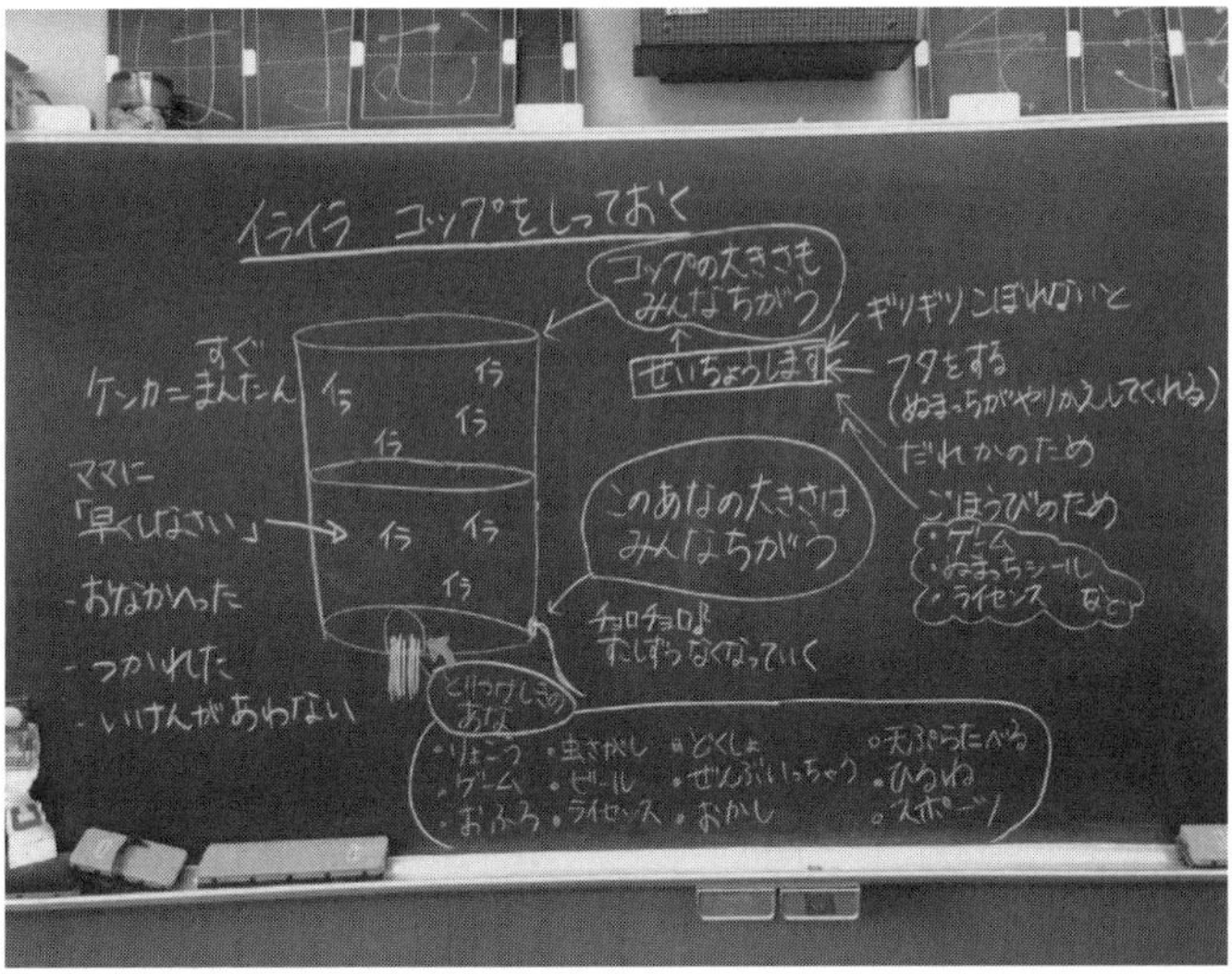
イライラ　コップをしっておく
コップの大きさも みんなちがう
ギリギリこぼれないと
せいちょうします
フタをする (ぬまっちがやりかえしてくれる)
だれかのため
ごほうびのため ・ゲーム ・ぬまっちシール ・ライセンス など
すぐ ケンカ＝まんたん
ママに「早くしなさい」
・おなかへった
・つかれた
・いけんがあわない
このあなの大きさは みんなちがう
チョロチョロ すこしずつなくなっていく
・りょこう ・虫さがし ・どくしょ ・天ぷらたべる
・ゲーム ・ボール ・ぜんぶいっちゃう ・ひるね
・おふろ ・ライセンス ・おかし ・スポーツ

イライラコップ2
イライラ
イライラ
イライラ
イライラガードを かんがえてみる
あながある
・花をつくる
・ひるね
・えをかく
・わがまま (イライラがえし)×
・わすれる
・あたまをたたいてそっちをいしきする
・すぐあやまる
・すきなものを見る
・ボーッとする
・ほめられるとおもう
・すきなことをする
・わらわせる
・ごほうびのことをかんがえる
・じゅぎょう中はだいじょうぶ (ぬまっちガード)
・うなづくけど、ちがうことかんがえる
・ともだちとあそんでいるのをそうぞうする
・ダンシングそうじみたいにする
・お気に入りの本をよむ
・いきをすう
・そのばからにげる
・あとまわしにする
・わらう
・きかない
・耳せん

人間の心をコップに見立てて考えるのは、アンガーマネジメントの世界ではそう珍しいことではありません。どこかで聞いたことがあるのではないでしょうか。

でもそこをなぜ「イライラコップ」なんて新たにネーミングしているかというと、ちょっとマイナスな感情も、そういうポップなあだ名をつけちゃえば、クールダウンできるからです。

現にそのとき、ボクはけっこうムカついていたのですが、「イライラコップだよ！」と言われたことで、「あぁ、そうかそうか。オレいまイライラしてたよなぁ」と、脱力して笑ってしまいました。

「言いたいけれど言えない」なら言わなくていい

社会人にとって一番のストレスってなんでしょうね。

ボク的には「**言いたいけれど言えない**」人間関係なのではないかと思っています。

どんな企業に勤めていたとしても、社内に一人か二人は、性格が合わない人もいるでしょう。

合わない人とはできれば離れていたいけれど、仕事上どうしても、顔をつきあわせなければならないときがあります。そのたび、精神的に疲れてしまうもの。

相手がなにか間違っていると思うことを言ったとき、ちがうんじゃない？　と返せる関係なら、なにもストレスはありません。仲のいい友達や兄妹は、そうです。

しかし、言い返される恐怖やわずらわしさで、言いたいことを無理に引っこめてしまう場合があります。嫌な気持ちが、モヤモヤと胸の奥にたまります。

人間関係のストレスの大部分は、この押し込めた言葉の苦しさに、起因しているのではないでしょうか。

もし言いたいことを堂々と言えれば、なにも問題ないわけです。

昔、クラスで「ぶっちゃけタイム」というのをやっていました。

子どもたち同士や、ボクに対して、なにか不満とか「言いたいけれど言えない」本音がありそうなとき、急遽《きゅうきょ》開催される特別な時間です。ボクたち以外、誰も入れません。

ぶっちゃけタイム中には、思ったことをなんだって言っていい。言い合いになることもあります。でも、基本的には止めずに見守って、言わせておきます。

ただ、約束があって、その場かぎり終わったら全部忘れること。

「おまえ、ぶっちゃけタイムであんなこと言いやがって」はルール違反です。

別に、こういうことをやったからって、仲の悪かった子たちが劇的に仲直りするとか、問題が根本から解決するなんて思いません。じゃあなんでしていたかというと、生ゴミと一緒で、さっさと処理しておけばよかったものを、フタをしてほったらかしにしておくとどんどん悪化するからです。押し込めた言葉で、心もどんどん苦しくなるから、なるべく早めにガス抜きさせてあげることで、被害が少なくて済む。それから、謝るチャンスをつくってあげるということ。小学生も高学年にもなれば、謝るのにもめちゃくちゃ勇気が要ります。

ただ、これは本当に劇薬というか、誰でもやれることではありません。

まず、絶対的な信頼があるコミュニティでないと、ヘタしたらもっと関係が悪化する恐れがありますし、個々のメンバーの特性にもよります。

ボク自身も、やっていたのは、彼らはこのやり方がマッチするかな、と判断した特定のクラスだけでした。

そもそも「言いたいことありそうだな、我慢してそうだな」というのも、子どもたち全員と毎日日記を交換しているから、つかめることです。

大人の日常で、これはあんまり現実的ではありません。

だから、「言いたいけれど言えない」相手には、ぶっちゃけちゃうんじゃなくて、どのように穏当に付き合うべきか？　を考えていくのが、有効なストレスマネジメントでしょう。

結論から言って、**合わない人とは、なるべく付き合わない**。

ドライかもしれませんが、ボクは、もうそれしかないと思います。

まずもって、仕事の話だけで済ませる。余計な感情は、はさまない。プロ同士、最低限「仕事の会話」で留めるよう、注意することです。

世の中には、職場でのストレスのかかる相手との、さまざまな付き合い方の方法論が存在します。

相手の懐に入ってみるとか、自分の意識を変えるとか、異動願を出すとか……だけどそれらは全て対処療法にすぎず、「言いたいけれど言えない」関係性そのものを、丸ごと変えているわけではありません。なぜなら、やっぱりそれはどうしたって至難のワザだからなんだと思います。


だから、「言いたいけれど言えない」関係は、「**だったら言わなくていい！**」というスタンスで、問題ないと考えています。

自分が変わっても、相手を変えることはとても難しいから。

変わらない相手に期待をもち続けるのは、また別のストレスになります。そして「言いたいけれど言えない」関係は、より強化されていってしまう。

自分を守れるのは、自分だけ。

一定の距離を保ち、事務的な会話で済ませて（もちろん、感じはよく！）、嫌な気持ち自体が生じるのを、できるだけ抑える。地味ではありますが、なるべく付き合わないというのが、ベストです。

仲よくなくていいから、仲わるくなるな

ボクにも、意見が合わなくて、本音が「言いたいけれど言えない」人がいます。ボクの場合、性格からしてそんな言葉を選べるほど大人でもないから、好きなように口に出したら確実にケンカになります。それは避けたい。

結果論だけど、適切な距離感を保てば、相手側のストレスだって増やすことはないでしょうし、一石二鳥です。

よくする話ですが、ボクは子どもたちに「みんな仲よくしなさい」とは言いません。子どもたちも大人と同じように、それぞれ繊細な人間関係があります。大人にもできないようなことを、子どもに押しつけて彼らを苦しめてはいけないと思うんです。

そのかわり言うのは、「**攻撃するな**」ということ。

仲よくなくてもいいから、仲わるくなるな。

これにはみんな納得してくれます。

大人にも当てはまるのではないでしょうか。

人間関係は、「仲よく」が難しいときは、必要以上踏み込まず、なにより「攻撃せず」、仲わるくならない。これが正解です。

当事者意識のコミュニケーション

職場でも学校でも、コミュニケーションのとり方はいつだって重大なテーゼでしょう。

先ほど述べた、なにはなくとも、とにかくニコッと笑顔！　は、褒められたときだけでなく、普段のコミュニケーションにおいても基本中の基本。

さぁ「**まずはニコッ**」としつつ、他にも、すぐに実践できることをちょっと考えてみましょう。

1　すぐに声かけ！

気になった人、話が合いそうな人には、そう感じた瞬間、すぐに声をかけましょう。「客電」をONにして相手の背景を繊細に見定めるのは「伝える」際にはいつでも大切ですが、「はじめまして」のときや「ここぞ」ってときにはタイミングを逃さないことが重要です。必要以上に空気を読んだりしなくていいのです。

そんなことをしているうちに、「話しかけて、そっけなかったらどうしよう?」「変に思われたら嫌だ」なんて余計なことを考えてしまい、どんどん話しかけづらくなってきます。

……エラそうなこと言いましたが、よく行く飲み屋で顔見知りになって「こんどガッツリ飲みに行こう」と約束した人と、飲みに行かないまま8年が過ぎました。さすがにもう誘えません。行きたいのに。

気になった人には、即、声かけ！

直感重視のファーストタッチこそベストタイミングです。

2　用事がなくても会いに行く

以前、ボクの家にカーディーラーの男性が、よく出入りしていました。彼はとても優秀な営業マンで、エリア内の営業成績が、毎月ベスト5位圏内をキープしていました。

彼がすごいのは、いい意味での遠慮のなさです。

彼は現金を下ろすのに、わざわざボクの家の近くのATMを利用していました。たびたび、ついでに連絡をくれて「いまお暇ですか？」「なにかご用はありませんか？」と聞いてきます。都合が合えば、会ったりもしました。軽くお茶して、雑談するだけなのです。

用事は？　と聞くと、「**用事がなく、会いにきちゃいけませんか？**」と言われました。コミュニケーションのウマいヤツだな、と感心しました。

言われてみれば、たしかにそのとおりなのです。

用事なく会いに行ったらいけない、なんてルールはありません。

ボクたちはどういうわけだか、用事をつくって、人に会おうとします。急に会いたいなんて、失礼だと思われる……と、つい考えてしまう。

ぜんぜんそんなことはないのです。

会いたくなったから、会う。前々から約束してなくても、ＯＫだったら会いに行く。こんなカンタンなことが、意外とコミュニケーション能力アップの近道でしょう。

カーディーラーの彼のことを、うちの両親などはすっかり気に入って、3年ごとくらいに、彼から新車を買っていました。

「なんにも用事ないけど、きちゃった！」という人は、なんだかかわいげがあって、好ましい。好ましい人から、商品を買いたくなるのは当然です。

遠慮なく相手の時間に割って入ろうという、その無邪気さ。

もちろん、図々しいと思われてはダメで、タイミングを読むのも大事。

結局のところ、カーディーラーの彼は、タニンスキャンがとても上手なのです。

たとえば、こちらが授業しているような平日の昼間に会おうなんて連絡はきませんでした し、いついつ出張がある、というような話も覚えていてくれたのも事実です。

押しが強すぎない、その絶妙な読み取り加減に、とても好感がもてました。

会いたい人に会いたくなったら、無理に用事なんてつくらずに、会いに行きましょう。それが本当に会いたい相手なら、タニンスキャンもできるはず。

彼に触発されて、ボクもふと気になったら、ためらわずLINEしてみるようになりました。

「どうしたの？　なにかあった？」と聞かれますが、「**なんにもないけど、思い出したからLINEしてみた**」と、素直に言ってみます。

それで引かれるようなことは、まずありません。たしかに久しぶりだねぇ、ということになります。

LINEの画面を、いますぐ見てみてください。

何年も連絡をとっていない友達が、けっこう並んでいると思います。ちょっと気になった人に、いまここで連絡してみませんか？

思いがけないコミュニケーションが、再開するかもしれません。

3「また連絡ちょうだい」を言わない

お誘いに対しての答え方。これもちょっとした意識で、良好なコミュニケーションが保てます。

「この日、飲み会くる？」とLINEしたとき、けっこう若い人にありがちなのが、「その日ですか、ちょっとまだわかりません。また連絡ください」的なお返事。


気持ちはわかるんですが、とりあえず、**「また連絡ください」はナシです。**

わからなければわからないで、「少なくともいついつまでに返信します」と言っておく。

質問に質問で返すのと同じで、連絡してきた相手に、再び投げ返すのはスマートではありません。

別に断ったっていいんです。こっちだって相手の予定を知らないで聞いているわけですから。

すぐに声かけするのも、用事がなくても会いに行くのも、「また連絡ください」と言わないのも、つまるところ、**「お客さま意識からの卒業」**をするってことです。

第1章の「みてみて欲」でも第2章の「ジブンスキャン」でも、**「セルフで」**というコトバを強調してきたつもりです。

もう、あなたもボクも、自分からやるしかないのです。生きている以上、ストレスにさらされることからは逃れられないからこそ、「セルフで」いいコミュニケーションの循環をまわすしかありません。電気をONするのも、プレイするのも、自分だけ。

当事者意識こそが、長い目で見れば、自分を一番ラクにしてくれます。

ストレスとお金

「足りない」ストレス

ストレスといえば、社会人にとって避けられないテーマの一つに、「お金」や「給与」があります。

給料をもらいすぎて困っている……いるのか知りませんが、そんなレアな人は置いといて、お金と向き合うと、基本的にはストレスを感じるものです。

大部分は「**足りない**」というストレスでしょう。

お金が足りないと選択肢が限られます。

ゴルフが趣味であるボクなら、まず選ぶのは近場のゴルフ場です。本当なら、飛行機に乗って沖縄にでも行って、高級コースでいつでも楽しく優雅にプレイしたいもんですが……なかなかそれができないのは、旅費を抑えたいから。つまりお金が、足りないからです。

行動の選択にはおしなべて、お金の「あるか、ないか」が、絡んできます。多くの場合足りないから、本意ではない方の選択をすることになる。お金がたくさんあったら、これまでの価値判断は、ガラリと変わるのでしょう。


いつでもどこでも好きなところに行ける。

いつでもどこでも好きなものを食べられる。

ほしいものは、ほしいだけ手に入る。

「お金足りないから今日はやめておこう」という判断は、しなくてよくなります。そりゃあ、さぞかし、お金にまつわるストレスがなくなる……いや！　たぶん、そんなことないでしょう（負け惜しみじゃありません）。

お金のストレスがなくなったとき、「選ぶ楽しさ」「ないなかで工夫する」というおもしろさを、失ってしまうのではないか？　とボクは思うのです。

それはまた、新たなストレスとなり得るでしょう。

一番楽しいバーベキューパーティー

昔の話ですが、大金持ちの知り合いのお城みたいな別荘で、バーベキューパーティーをしたことがありました。

ボクは張り切って準備をしました。食材の費用は彼がもってくれました。自分では買えないような豪華な食材を好きなだけ買えるのは、非日常的で、楽しいことでした。

バーベキューでは、グラム単位で何千円もするような高級なお肉を惜しみなく焼いて、他にもたくさんの高級食材を、ワイワイ騒ぎながら食べました。

さいごに、ボクは得意技であるプチオーダーメイドピザを振る舞いました。

小さなピザ生地に、自分の好きな具材をのせて焼く、オリジナルピザ。お金も手間も、それほどかかるものではありません。

大金持ちの彼は、リッチな食材やお酒をたっぷりと味わった後、ピザを食べました。おいしいおいしい！　と、とても喜んで食べてくれました。まぁ、自分の好きな具材をのせているのですから、そりゃおいしいに決まっているんです。……だから得意技なんです。

帰り際に彼は、「**これまでで一番楽しいバーベキューパーティーだった！**」と言ってくれました。

お城のような別荘をもち、一般人には到底マネできないような遊びや食べ物を知っている彼が、ホームメイドなピザを食べたパーティーを一番楽しかったと言うのです。

最初、ボクはそのことを不思議に思っていましたが、お金では間違いなく満たされているはずの彼もまた、彼独自の文脈で、お金では満たし「**切れない**」なにかがあるのかもしれない、と勝手な解釈でしょうが、ふと思った出来事でした。

お金が足りない状態と、お金がたくさんある状態。ボクたちは、ある方がいいに決まっていると思っていますが、あればそれだけで人生オールOK、という単純な話でもないようです。

足りないとツライし、ありすぎるのもそれはそれで、満たされない……？

もちろん、ここまでずっと、日常の生活費が保障されている場合に限定して、話を進めていることには注意してほしいです。足りない、ではなく「ない」場合には、また違う話になります。

この場合のお金が「足りる・足りない」というのはあくまでも、最低限以上の「余剰部分」についてのお話をしていますので、ここから先の話も、それを前提として読んでくださいね。

結局、物理的に「(十分に) あるか、ないか」が問題ではないのです。

「お金そのもの」、物体そのものと戦っているというよりは、ボクたちはそこにまつわる「ストレス」と戦っている。どうすればストレスがなくなるのか？　ということに、悩まされているのだと思います。

ストレス負荷は、ある程度は必要だと、ボクは考えています。

いったんはゼロになったとしても、必ずまた別のストレスが生じる。

だからストレスを受け入れて、**ワクワクに意識を向けたい**と思うのです。

ストレスを100%なくし切ろうとせず、ストレスと上手に付き合う方法を探れば、ワクワクはふくらんでいきます。

この仕組みは、お金にも当てはまるのではないかと、予想しています。

いますぐバッグを買うべきか、買わざるべきか？

さて、質問です。

いまの自分の給料ではハードルの高い、ブランドもののバッグがほしくなりました。

もし買うとなったら、ローンを組んだり借金したりすることになりそうです。

それはできれば利用したくないけれど……、**でもどうしてもほしい！**

あなたなら、どうしますか？


答えは人によって、いろいろ分かれます。

まぁ常識的には「我慢する」なんですが、反対の人もいるでしょう。

「ほしいときが買いどき！」ってことで、無理してでも買う人もいます。

後々ヒドいことになるリスクもありますが、あるいはそういう人はもしかしたら、借金という負荷をもモチベーションに変えて、仕事に精を出す人なのかもしれません。


この質問に、ボクのとこに教育実習にきていた大学生が、おもしろい回答をしました。

「バッグがいまの自分に買えないのだったら、自分はまだその程度の経済レベルなんだなと諦めます。『手が届かないもの』として、諦めたまま、バッグのことは忘れてしまうでしょう。

何年か経ち、少しだけ経済力がついて、バッグを買えるようになったとしても、たぶん買いません。

そのときは、**さらに上のレベルの『手が届かないもの』がほしくて**、悩んでいるんじゃないでしょうか」

この答えに、とても感心しました。

お金との向き合い方を、深く自問してみると、第2章での「**現在／過去／未来マインド**」の考え方に、行き当たります。

彼女は現在マインドで**「あの素敵なバッグを買えない自分」の位置**を冷静に把握しています。一方で、目線は未来に向かって上を見ている。

登山でいうなら、がむしゃらに進み続け、歩んできた道をいいタイミングで振り返り、結構な距離を歩いてきたことを確認して、さらにやる気を高める。つまり、いつのまにか「**稼げる人**」になっている、ということです。

成長していく人間の理想のスタンスではないかと思いました。

現在マインドセット

バーベキューを一緒に楽しんだ大金持ちの知人にも、これは当てはまりました。

彼は、ちょっとした待ち時間には、いつだって本を読んでいました。暇な時間を情報収集に使うのがとても上手で、常に世の中に向けてアンテナを張っていた。

プライベートで海外旅行に出かけていても、仕事で対処しなくてはいけない問題が起きたときは、後回しにせず即行、帰国。

彼は、まっすぐ前を見て、自分の道を邁進しています。

きた道を振り返ることは、たまにはあるかもしれませんが、過去の景色には引っ張られず、**常に「いま」を生きています。**「いま」に本当に必死な人でした。

成功しているビジネスパーソンはみんな、そのような「**現在重視**」という共通点があるのではないでしょうか？

彼らにも、ほしいものは適時あるのでしょうけれど、きっと「買った」「手に入れた」

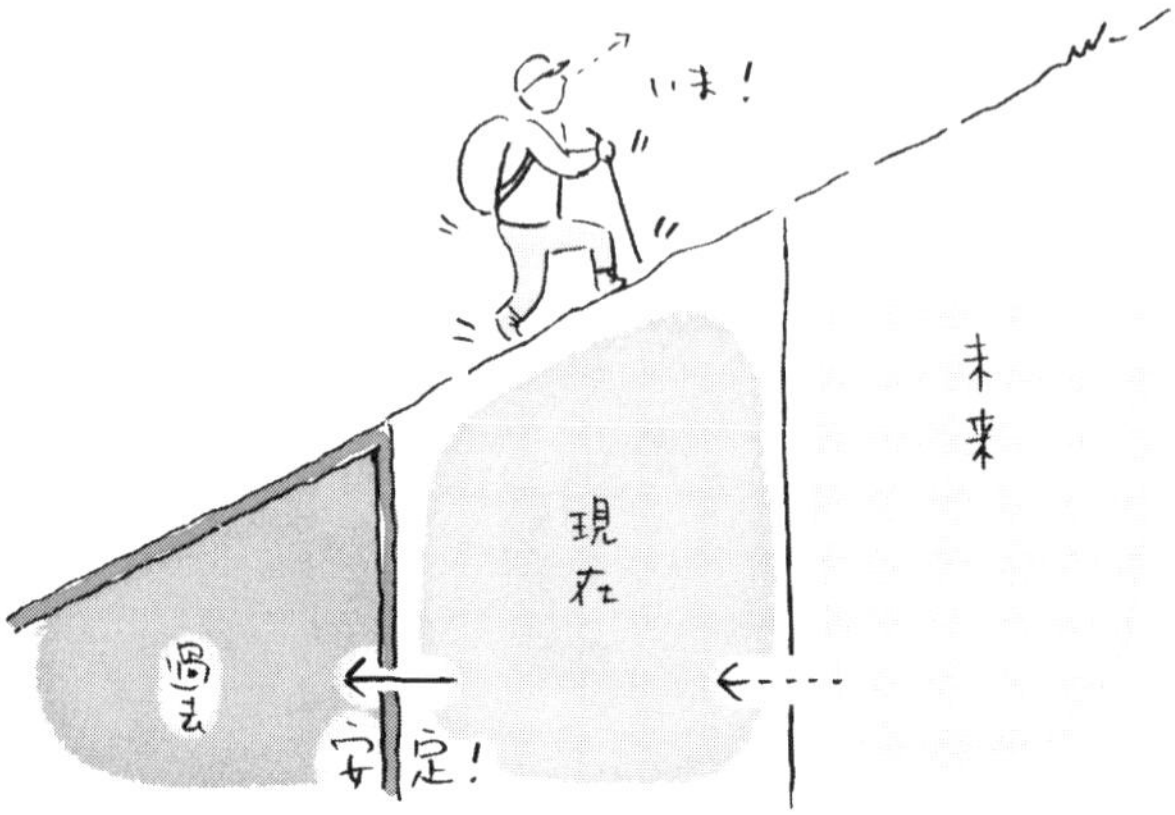

という幸福感においては、満足感が少ないのかもしれません。

「いま」を大切にしながら、次々に現れる新しい「いま」に、意識が向かっています。手に入れた物は、すぐに過去の素材となるので、興味がなくなるのでしょう。

「現在に軸足を置きながら、目線はちょっぴり未来へ」

これが、成長のカギ。

とにかく、大事なのは現在です。

でもって、こうしている間にも時間はビュンビュン通り過ぎて、現在は、すぐさま過去になります。

「現在」をしっかり踏みしめている人は、それがスライドした過去の地盤も、当然安定的なものになる。

「いま」を生きることで結果的に、その人の人生の土台は**勝手に安定していく**のです。

お金もジブンスキャンの材料

貯金が趣味っていうわけでもないんですが、自分の身の丈に合ったものしか、ボクはあんまりほしくありません。たまーに、自分を鼓舞するために、ちょっといいモノを買ってみたりもしますが、ごくまれです。

だけど、講演会などのギャラは熱心に交渉します。

先方の事情でギャラの引き下げを提示されたり、「予算がないので……」と安価を提示されても、できるかぎり、高い金額をもらえるよう交渉します。

もちろん、気持ちとしては、最低限の交通費程度をいただければ、どこへでも行きたいと思っていますし、ギャラのことを言うと、お金に汚いヤツだと思われるかもしれません。

でも、そうではなくて、ボクがいつも気にしているのは「**いまの自分がどれくらいの存在なのか**」ということです。ボクの話にどれくらいの価値があるとボク自身感じており、また、その自己認識と現実にはどの程度のズレがあるのか。

言ってみれば、**お金もまた、ジブンスキャンの一つの材料**なわけです。

だから、自分の報酬についてこだわることは、別にがめついことでも、恥ずかしいことでもぜんぜんないと思うのです。

いまの自分の市場価値を把握し、より向上していくために大事なこと。

そして、ギャラにこだわるのは、意欲を高めるためです。

やる気を高く維持するためには、やはり客観的数値も、わかりやすい指標となります。

そんなにボクに価値を見いだしていただけるなら、その分こっちも全力で話そう！　という気持ちになれます。

もちろん多額のお金を請求することはありませんが、自分の身の丈に合う範囲で、できるだけの金額交渉を、がんばっています。

コンビニ行きすぎ

みんなコンビニに行きすぎじゃありませんか？

さっきから言っている「身の丈に合う」消費というのは、意外と難しいんです。

教育実習の大学生と話していてよく耳にするのは、「なんにも使っていないのに、お金が貯まらない。なんでですかね？」。

そろいもそろってそんな、ひとりでに金がなくなっていく、とか魔法みたいなことを言うもんだからおもしろくなって「本当に使ってないの？　うそだろ？　一日の過ごし方は？」としつこく聞いていると、まぁみんなもれなく毎日コンビニに行っているし、ラーメンに全部乗せトッピングしているし（笑）。

お金を貯めるには、身の丈に合ったお金の使い方、という確認作業が必要。これもまたジブンスキャンの範疇でしょう。

コンビニは一つの食べ物の量が、割と少ないんです。物足りなくなって、また一品、二品、あとついでにお菓子も……と買い足してしまいます。食欲旺盛な若者が、コンビニだけでお腹いっぱい食べようと思ったら、一食1000円くらいは余裕でかかるのではないでしょうか。積み重なると、まあまあ大きな出費です。

家計簿をつけろとまでは言いませんが、いますぐ、ちょっと自分の財布を開けてみてください。

コンビニのレシートが束になって出てきた人は、明日からスーパーにも行ってみましょう。いまなら、ネットスーパーもあるし、自炊したり、生活費を安くあげる工夫は、いくらでもできます。広告にくっついているクーポンを使うのも、いいでしょう。

そういう**細かいことをバカにしない人が、ジブンスキャンできる人**です。なんだってスキャンのための材料になるし、ひいては仕事の成果にもつながっていきます。

ちょっとダマされたと思って、とりあえず一日「**コ《C》ンビニガ《G》マンチ《C》ャレンジ**」してみましょう。

ストレスとワクワク

ストレスをワクワクに

ストレスというものは、基本的にちょっと厄介者のように見えるわけですが、必ずしもそうではないんだろうなぁと、授業をしているときによく思います。

子どもたちに作文を書かせるとき、**NGワード**を設けたりします。

たとえば「運動会に向けて」の作文を書くときのNGワードは「がんばる」とか「練習」。

「たのしい」「ぜったい」「いっしょうけんめい」もだめ！

「優勝」もだめ！ 「ぜったい優勝したいです」とか、そういう子どもみたいなのなし！

ボクがどんどんNGを出すと最初のうちは「えー!!」と悲鳴が上がりますが、次第におもしろがって、それらの便利でイージーな表現を使わず、どうやって自分の意見や気持ちを表現するか、力の限り工夫しだします。友達同士アイディアを共有したり、辞書もすすんで引き始める。

結果、それはそれは名文が出そろってきます。

「**ほとばしる汗。汗の分だけ速くなってると実感した**」とかね。情景が目に浮かびます。

人間は、ある程度のストレスや負荷、制限がかかると、逆に「ワクワク」を得ようと努力をし始める。

ストレスは、人間の成長のために多少は必要、ということです。

最初に言ったように、ストレスを根こそぎ引っこ抜くことは無茶なわけですし、むしろボクたちはこのストレスを、ウマく利用してやりましょう。

それから、なにはともあれ、心身の健康が一番大切です。

どれだけお役に立てているのかわかりませんが、ここまで主に、「現代の悩みにこたえる」的なことをやりつつ、なにか、自分で自分を守る方法、「壊れない」方法をボクなりに見つけられたら、というのが裏テーマでした。

取り入れられそうなメソッドや思考法が、ちょっとでもあったとしたら、こんなにうれしいことはないのですが。……どうでしたかね？

「過去」で大反省会は開かない

本当の「挫折」なんてないと思っています。はたから見たら挫折や、失敗に見えるようなことでも、しっかりと振り返って、次のチャレンジに活かせば、挫折も失敗も大事な経験となります。

成功を目指すかぎりにおいて、**失敗とは、失敗という名の糧**です。

失敗を、失敗で終わらせず、またチャレンジしていく。

単純ですがそれが、挫折「**らしきもの**」から立ち直る唯一の方法だと信じています。

逆を言うなら、そこで「もういいや」と放置しておいたら、それは挫折になってしまうのでしょう。


とはいえ、挫折したと感じている当事者からしたら、地べたに倒れ、もう二度と立ち上がれない……という気持ちになっていることでしょう。それがその人にとって本気のチャレンジならば、なおさらです。


ボクが言っていることは体育会系で、もともとタフな人間の理屈だと、言うんでしょう？

わかってます。


それでも立ち上がれ！　とボクは言います。

「失敗はするもんだから。仕方ないじゃん！」と。

起きてしまったことは、過去のことなのです。

立ち上がれない人は、なぜ倒れたままなのか？

山登りでいう、振り返りしすぎの状態かもしれません。

「なんで、間違ったのかな……」「どうして転んじゃったかな……」と、起きてしまったミスについて、思考が埋め尽くされていて、起き上がれなくなっています。

〈過去〉から、〈大過去〉まで振り返りだして、「なんであのとき私は……」と、過去巡りの循環から抜け出せない。


たしかに、振り返りと分析はめちゃくちゃ大事。ていうか必須です。

だけど、失敗して、あなたはもう十分ツラい思いもしたのですから、「過去」で倒れたまま、何度も何度も過去で大反省会を開いて、さらに自分を傷つけなくていいのです。


だから立ち上がれ！　とボクは言います。

とりあえず立ち上がった方が、景色はよく見えるから。反省会は、起き上がってからにしましょう。景色が変われば、きっとちがう思考になっていると思います。

転んだ人は、必ず立ち上がり方も知っています。

「こけちゃいました！」

1992年のバルセロナオリンピック。

男子マラソンで印象的な出来事がありました。

当時、金メダルを狙える実力を備えていた日本の谷口浩美《ひろみ》選手が、トップグループを走っているなか、20キロを過ぎたところで、左足のシューズを誰かに踏まれ、転んでしまったのです。

靴を履き直している間に、大きくタイムロスをして、他の選手に次々と抜かれていきました。金メダルが期待されていた選手だっただけに、多くの人が生中継で悔しがったことでしょう。

谷口選手はそれでもそこからペースを上げ、8位入賞を果たしました。

ゴール直後のインタビューのコメントが、これです。

「途中で、こけちゃいました！」

「まぁ、これも運ですね。精いっぱいやりました！」


爽やかな笑顔で、そうおっしゃいました。

その笑顔が、本当に、素敵だったのです。


倒れても、また立ち上がれば、成果を出せる。やり直せばいい。

この紛れもない真実を、谷口選手は身をもって表現してくれました。当時、彼を責める日本人は誰もいませんでした。

谷口選手にならって、転んでも「**こけちゃいました！**」って言って、また走り出せばいいのです。


落ちこむことは、ありません。

成長のカギ

「現在マインドセット」で自分を守る！

①「現在」に軸足を置く

②お客さま意識から卒業する

Theme 4.

目標設定

ファイナルゴールとアナザーゴール

掃除すんな、踊って！

第1章から第3章までが、働く上でのセルフケア、「**守り**」に注目した内容が多かったとすれば、ここからはちょっと「**攻め**」の話もしておきましょうか。

もともとボクの専門はコーチングであり、モチベーションを高める教育法の研究ですから、いろんな方から、子どもたちの成長する力を、どのように引き出されるのですか？と、聞かれます。詳しいやり方は他の本にゆずりますが、シンプルに答えると「システムづくり」の一言に尽きます。

子どもたちに、いくら勉強しなさい！　と命じたところで、自ら学ぶ姿勢ができていなければ、自発的に学ぼうとはしません。

大人がなにを準備してなにを教えようと、最後に学ぶのは子ども自身。

無理なことを強制するのではなくて、勝手にワクワク自分から学びたくなるシステムづくりを工夫する日々です。

ボクたちの教室で見られる光景に、「**ダンシング掃除**」があります。

子どもたちに「〇分で掃除しなさい」と指示しても、時計を見ながら追い立てられるように掃除するのは効率がよくないですし、なにより「やらされている」感が強いから、やる気も高まりません。ここはみんなが使っている教室なんだから自覚と責任をもって……、とか言われても、実際問題そんなこと言われたら子どもたちだって冷めるでしょう。

少なくとも、言ってるボクが冷めます。

ある日、教室でＥＸＩＬＥを流してみました。

「この曲が終わるまでに掃除してみな」。

またある日、教室で今度はＳＭＡＰを流してみました。

♪もともと特別なOnly oneで有名な『世界に一つだけの花』。

子どもたちを眺めながらサビを聞いていてたら、ふと思いつきました。

「おい！　だめ、ここは掃除しない！　必ず踊って」。

タンニンの突拍子もない発言に、子どもたちはびっくりしたでしょうが、掃除中に急に踊るなんて変なこと、なんかおもしろそうだから踊ってみる。

その日から、ダンシング掃除が始まりました。

ダンシング掃除は、掃除中に流れる数曲のサビの部分だけ、掃除の手を止めて踊りを踊る、サビが終わったら掃除再開、といういたってシンプルな構成。

「帝国ホテル」同様、どうしても表面の「踊る」ということばかり目についてしまうのは仕方ないのですが、やっぱり本質はそこではありません。

ボクたちのクラスでは「この人はここを掃除する」という担当を決めていない。音楽が流れたら、各々自主的に汚れているところを見つけて掃除しだします。「ここをやらなきゃいけない」がないから、黒板が得意だからその専門家になる子もいれば、みんなが知らない「実は汚れている」穴場を見つけることに長けている子も現れます。各自が得意分野で動き、掃除は白熱します。

でも、サビになったら踊らないといけない（笑）。もう大忙しです。

サビまではあと1分だから、ここを重点的にやろう。あそこは、ぞうきんが得意なあいつがやってるからオレが行かなくても大丈夫だな。

面倒だな、と思っていた掃除が、「サビになったら踊んなきゃ」があることで、**自分がやるべきこと（自分が掃除すべきところ）が焦点化され**、しかもそれをみんながやることで、効率的な行為になる。

だらだら喋って適当に掃くのは掃除なんていえなくて、汚れていたところがたしかにきれいになって、また明日から気持ちよく過ごす。それが掃除でしょう。

「みんなで変なことがやれておもしろい」「注目もされる（みてみて欲）」が乗っかったことで、結果的に本質がクリアになったというわけです。

火がつけば勝手に努力する

「**火がついた**」状態になっているのです。

火がついた人間は、勝手に、自分から努力します。

できないことをやらせようとしても、すぐに結果は出ません。

みんなのみてみて欲だって満たされない。余計に、モチベーションは上がりません。

だからまず、明確なゴール設定（みんなで協力して掃除する！）と、ゴールを達成するための仕組みづくりが、肝心なのです。

あいまいに「ただただがんばれ！」は言いません。

高いハードルであったとしても、ゴールは必ず明確に設定する。その上で、工夫をする。

まずはこれを、大原則にしましょう。

ファイナルゴールとアナザーゴール

社会人もそう。

生活のために働かないといけないとはいえ、目標設定があいまいだったり、「これを達成しろ！」とか強制されたりしていては、前向きにがんばるのは難しい。

そりゃそうです。それが自然の摂理。

「やる気出せ！」「やる気出すぞ！」で、やる気なんか出ないんです。

ワクワクするから、楽しいから、やる気が出てくる。


ボクたちは、どうしたって、生活があるから働かないとならない。

だけど、それがたとえ社会的に役に立つことであったとしても、それがたとえ長期的に見れば自分の人生を豊かにしてくれるものであったとしても、「いついつまでに！」という納期や、「これだけやらないとだめ！」というノルマなどは、やっぱり「それだけ」では、みんながみんな、ワクワク、猪突猛進に無条件で努力できるものではありません。

そこはもう、キレイごとを言っていても、仕方がないと思う。

でも、それでも人生には折々で、達成しないといけないゴールってのがある。

大人にも子どもにも。

そういうのをたとえば、「**ファイナルゴール**」と呼びましょうか。

ファイナルゴールだけでは窮屈で、ごく一部の人しかがんばれない。

勉強って本来、自分の世界を広げてくれて、本当に楽しいものなのだけど、クラスの全員に、「勉強って楽しいから！」「将来役に立つから！」って言いまくっていたら、たぶん子どもたちは疲弊してしまう。

だから、それを乗り越えることでなんらかのワクワクが得られる別のゴール、「**アナザーゴール**」というお楽しみが用意されていれば、人は目標に向かってがんばれるのではないかと、思うのです。

勝手に観光大使

小学校の社会科の授業では、都道府県の特色について勉強することになります。なんか、そんなこともやったな、という記憶ありますか？

それを理解することは、明確なファイナルゴールです。

とはいえ、「今日は都道府県について理解しましょう」だと、張り切れるのはもとから社会が好きな子。クラス全員ってわけにはいきません。

だから、自分で好きな都道府県を選んで、その県の観光大使に勝手に就任して勝手によさをPRする「**勝手に観光大使**」というプロジェクトを立ち上げてみることにしました。

PRっていってもなにをするかというと、PowerPointで資料をつくって、学習発表会でプレゼンしましょう、というもの。ここでいう「アナザーゴール」は「勝手に観光大使に就任できちゃう」という、なんかヒミツで楽しいミッションをクリアする発想自体のワクワク感と、「パソコンをいじってパワポがつくれる！」という、デジタルネイティブな子どもたちならではのワクワク感。

子どもたちはパワポ作成技術までバツグンにウマくなりつつ、よりよいプレゼンになるよう、きてくれる保護者や先生たちにカッコイイとこを見せられるよう（ココも大事）、県の特性をさまざまに調査してきて、それこそ「勝手に」誰よりも都道府県について詳しくなっていきます。

根拠ないけど

社会人の場合、まったくのフリーランスでないかぎり、たどりつくべきファイナルゴールが、外発的に設定される場面が数多くあります。

仕事に限らなくたって、生きていれば大小問わず「達成しなきゃ」という場面の連続で、テンションが上がらないからって全部投げ出していたら、**最終的に人生のツケをはらうことになるのは自分自身。**

逆に、達成できれば、それは成功体験になります。

ボクが教師なのに「都道府県について理解しましょう、だけじゃがんばれないしワクワクしない」と、もはや「それを言っちゃあ……」ということをあえてオープンにするのは、子どもたちが社会に出たときに、どんなファイナルゴールの場面に迫られたとしても、ときとしてテンションが上がらなくても、自分でアナザーゴールを設定して、とりあえず自立的に第一歩目を走りだせる人になってほしい。個人的にはそっちをまずは重視しているからです。

「やだなぁ……」じゃ、実際問題なんにも始まらないから。

そのためなら「勉強って、ホントは楽しいよな」という本質の話は後回しだし、そんなことボクが言わなくたって、ファイナルゴール達成の頃には、みんな身をもって気づき始める。

「**アナザーゴールを自分で決めて努力しているうちに、いつのまにかファイナルゴールのテープを切っている**」というやり方をくり返していくと、本当に自分が達成してみたいハードルの高い目標が現れても、立ち向かうこと自体が怖くなくなるんです。

「オレならやれる」

「とりあえず、**根拠ないけど、**がんばれそう」


この「根拠ないけど」の自信こそが、いつでもあなたを助けてくれる。

根拠ないけど、ボクはそう信じます。

ストーリーの本筋は忘れない

ファイナルゴールへ行くためなら、寄り道OK。

「東京から大阪へ行く」がファイナルゴールなら、途中、ちょっと京都で清水寺でも見てみようぜ、八ツ橋も食おうぜって、別にそれはかまわない。

アナザーゴールは、言うなれば動きだしの第一歩。

大阪に着きさえすればいいので、どこへ一歩目を踏み出してもOKです。

そういう意味では、要は「ニンジンをぶら下げる」ことだと言ってしまってもいいかもしれません。

あくまでも目的はファイナルゴールの達成。パソコンを使うというニンジンがおいしくって熱中してたらいつのまにやら、都道府県について超詳しくなっていた。ファイナルゴール達成、という算段です。

ただ注意したいのは、アナザーゴールに没頭していたら「いつのまにか新潟に着いちゃいました」では意味がないということです。

だからこの**「ニンジン」は所詮「ニンジン」だよ**、ってことは忘れないでおきたい。

そのへんは、子どもの場合なら彼らを見守っているボクが言うし、大人の場合なら、俯瞰して見てチェックしている自分自身が、適宜、軌道修正して言ってあげなくてはなりません。

あくまで、どんなに寄り道しても、なにがなんでもあなたは大阪に行ってください。

なにがなんでも大阪には行く

ゴールは絶対、守る。

「新潟もいいトコだから、今回は新潟でいいや」は絶対にナシです。

残念ながら「がんばったよな〜」だけでは、あなたにとって強固な武器になってくれないから。

現につかみとった「成功体験」が、自信になります。

それから、「どんなに寄り道しても」とは言いましたが、寄り道を永遠にしていたらもはや「寄り道」ではありませんから、初歩的なことですが、期限を決めることもマストです。

だから、ファイナルゴールとして正しい文面はこう。

「東京から、1か月以内に大阪に行く」

で、なにがあろうと絶対に、1か月以内に大阪に行ってください。

ゴールなきプロセス志向は、ただの迷子

とはいえ、もちろん人間ですから、1か月以内に大阪に行けないときもあるわけです。
がんばったけど、1か月では京都までしかたどりつけなかった。
そりゃそういうことも当然、起こります。
で、「だけど、京都まで行けた自分を褒める」……絶望して倒れ込んで起き上がれなくなるよりは、そういう無邪気さも悪いことではありませんが、それ「だけ」ではいくらなんでもポジティブが過ぎます。

「なんで大阪まで行けなかったんだろう？」と、自問しなくてはいけないのです。

ゴールをクリアできなかった理由を分析できなければ、次のゴールを乗り越えるための装備や知恵は永遠に手に入らない。

ゴールまでの努力やがんばり、つまり「プロセス」のみを褒めるのは、いいことだと思いません。

プロセスを褒め続けているとプロセスそのものが目的となり、ゴールへの意欲が削がれてしまうから。

「がんばったオレスゴイ」は、ゴールの価値を軽視させるから。

なぜゴールを叶えられなかったのか？　努力不足？　手段のミス？　ルート設計の歪《ゆが》み？　やってきたプロセスを振り返って、深く分析・改善して、次のチャレンジに活かすべきです。そしたらその「失敗」はそもそも「失敗」なんかじゃなくなる。それこそ、プロセスの一部にすぎなかったんだね、って言うことができる。

そして次こそ、ファイナルゴールを越えてください。

その分析・改善の一連のサイクルを、ビジネスでは**PDCAサイクル**って言いますよね。

コレ、めちゃくちゃ大事な話なので、またあとで改めて時間を割きましょう。


意外とね、大人ってけっこうやさしいんですよ。

プロセスを褒めてくれる。

がんばったら「がんばったね」って、けっこう無条件に褒めてくれる。

結果より過程だ、と。


ちがいます。**「結果も過程も」**です。


ゴールを目指している人が工夫して、はじめてそのチャレンジは、価値をもちます。

ゴールを勝ち取った人の後ろには、そのために歩んできた質のいいプロセスが「勝手に」積み重なっています。それは山を登ってから振り返れば十分だし、一層気持ちもいいわけです。

「がんばること」それ自体がいいことなんだ！　と、最初から「失敗することもあるよね」って言い訳を用意しておくのはやめてください。「失敗することもあるよ」は放っておいても周りが意外と言ってくれます。

だからボクは、あえて声を大にして言いましょう。

「**ゴールなきプロセス志向は、ただの迷子**」だと。

PDCAサイクル

ちゃんときちんと撲滅委員会

最近、「**ちゃんときちんと撲滅委員会**」なるものを勝手に立ち上げています。メンバー募集中です。

大人はしょっちゅう、「ちゃんとしなさい！」という言葉を使います。これ、とてつもなくあいまいな言葉です。

1年生の子どもたちに、「ちゃんと閉めよう」と言っているにもかかわらず、教室のドアが開けっぱなしになっていることが多々ありました。

暑いんです、クーラーの風が逃げて。「ちゃんと、開けたら閉めろ」。暑い！　「どーして閉めないの⁉」と言うと、みんな「開けたら閉めてる」と言います。じゃあ、なんで開けっぱなしになっているのか？　あるいはもはや、開けたか閉めたかも覚えていないかもしれない。これはちょっともう会議です。原因を子どもたちみんなで、考えてもらうことにしました。

「自分の後ろに人がいたから、そのままドアを開けていた」と、ある子が言います。

で、その開いたドアを通った次の子は？

「開いてたから、開けたままにしといてあげた」。

……なるほど。たしかに「ちゃんと閉めろ」だの「開けたら閉めろ」だの言われても、自分はそもそも「開けた人」じゃないし、後ろの人のためにも閉めないよな。で、それが永遠に続く、と。

全員が自分なりに「ちゃんと」して、しかもお互いに気を遣ってあげた結果として、ドアが最終的に開けっぱなしになっていた……という事実が判明します。

教室の合言葉を、もっと具体的なものに変えることにしました。

「開けてなくても閉める」

「ちゃんとしろ」とかそういうあいまいな言葉から、どうしてほしいのか焦点化して具体的な言葉に変えたら、ドアの開けっぱなしは、見事になくなりました。

教室のシステムとルールが、子どもたち同士やボクとの間で合致していなかったから起きたズレでした。「開けたら閉める」は、一人暮らしなら、ドアを開けたのは絶対に自分ですからできることでしょうが、大人数で過ごす教室ではちがったのです。

このように、**状況によって「ちゃんと」の意味は変わります。**どういう場合に、誰に、どのくらいのさじ加減で「ちゃんと」するの？　明確になっていないと、機能しない言葉なんです。子どもたちが教えてくれました。

そんなわけで、「ちゃんとやる」「きちんとする」、そういうあいまいさは、ビジネスシーンなど、ゴールを達成する上では、なくしていきましょう。なにをどうするのか、その場の価値観の共有とシステム化が重要です。

仕事のメールなんかでも、ボクは知らず知らずのうちに「ちゃんと」「きちんと」って頻繁に打っていました。**「ちゃんと、**間に合うように……」とか（笑）。

みなさんはどうですか？　明日会社に行ったら、送信ボックスを覗《のぞ》いてみてください。

PDCAでハックする

昨年から、子どもたちにひたすら「ＰＤＣＡ」を教えています。

Plan（計画）
Do（実行）
Check（評価）
Action（改善）

計画から改善までを一つのサイクルとした、もともとは経営手法のメソッドですが、いまではビジネスの世界に限らず、割と気軽に使われているキーワードかと思います。

このサイクルを一度で終わらせず、ぐるぐる無数にくり返すことで、改善度をアップさせて、成果を上げていくことを目的とします。

クラスの黒板にはＰＤＣＡのぐるぐるの図をマグネットで貼り付け、子どもにもボクにも常に見えるようにしてあります。

授業やプロジェクトについて、事前・最中・事後、いつでもＰＤＣＡのどこかに当てはめ、自分たちがやっていることはウマく循環しているのか？　を、子どもたちが客観的に分析できるように、実際にやりながら教えます。

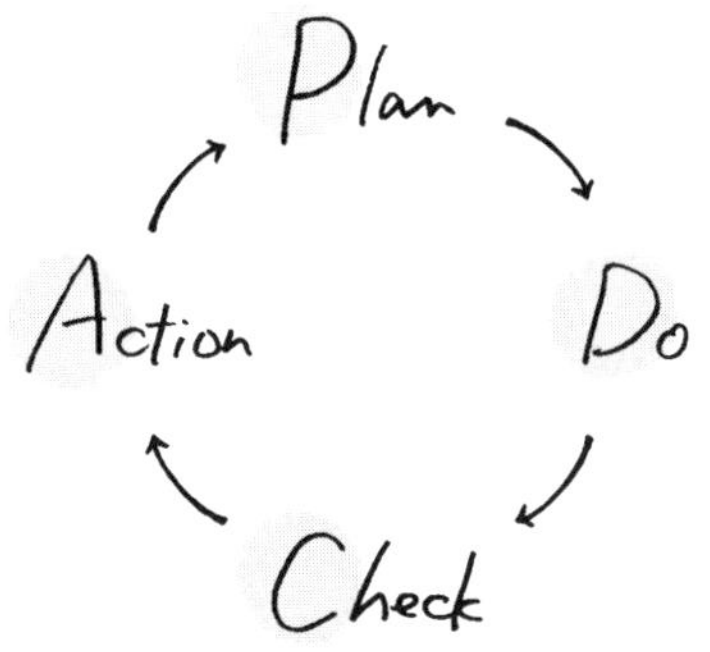

大人のビジネス用語を用いることで特別感がアップして、子どもたちのワクワク感を生みます。しつこいほど分析・改善にこだわりますから、当然、学習のレベルも格段に上がっていきます。

子どもたちを見ていると、ＰＤＣＡがウマく回っていないとき、どうやらいくつかパターンがあることがわかってきました。

悪循環を招いているパターンは、大きく二つ存在します。

主に「D」と「C」においてです。

Dループ

最初の「Ｐ」はしっかりあるけれど、「Ｄ」をひたすらくり返し、ループし続けているパターンです。

Planを立てたとき、どんな人だって、最初は一生懸命、Doに取り組みます。

だけど、Doの後には毎回必ずCheck、つまり徹底した振り返りや分析、評価があるべきです。

そして、さらにその後には、Actionとしての途方もない量のシミュレーションと、意図的なトレーニングがあるべきです。

それらを怠っている、Doからいつまでも抜け出せない状態を、「**Dループ**」と呼んでいます。

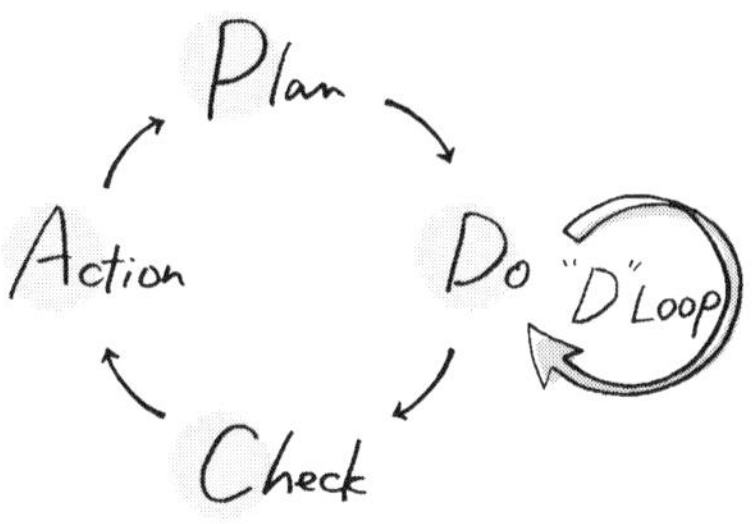

「やればできる！」とか言われたことはありませんか。

とにかく実行、素早く実行。動きだしてから考えればいい！　まぁ決して間違いではないと思うんですが、なんの準備も戦略もなく実行して、CとAの伴わない同じ実行をくり返してしまうのでは、ナンセンスです。

子どもたちも、なにかで失敗したとき「もう1回やらせて！」と言います。もちろん何度でもやったらいいのですが、なぜ失敗をしたのか？分析し、**シミュレーション&トレーニング**を積んでからにしないと、また失敗して、失敗体験が重なってしまいます。

Checkに移行することなく、**「ウマくいくまで、同じことを同じようにやり続ける」**。これがDループの特徴なんです。

そうですね、たとえばゴルフがウマくなりたいなら、同じスイングを何度も何度も、自己流で振っていても仕方ありません。どうすればダメなスイングが上向くか？　現状のスイングを撮影して、プロのスイングと見比べたり他人からアドバイスをもらったりしながら分析・検証を行った上で（Check）、改善点を意識しながらもう一度振ること（Action）。**黙々と降り続ける自己流のスイングは、Dループの極み**です。とりあえず、このDループから抜け出すこと、そうすれば、次のCに進めます。

フェイクC

Dループをなんとか抜け出し、評価をする、Cの段階へ移ったとします。

ここで陥りやすいのが、よかったところばかり振り返る「いいところ探し」のC。

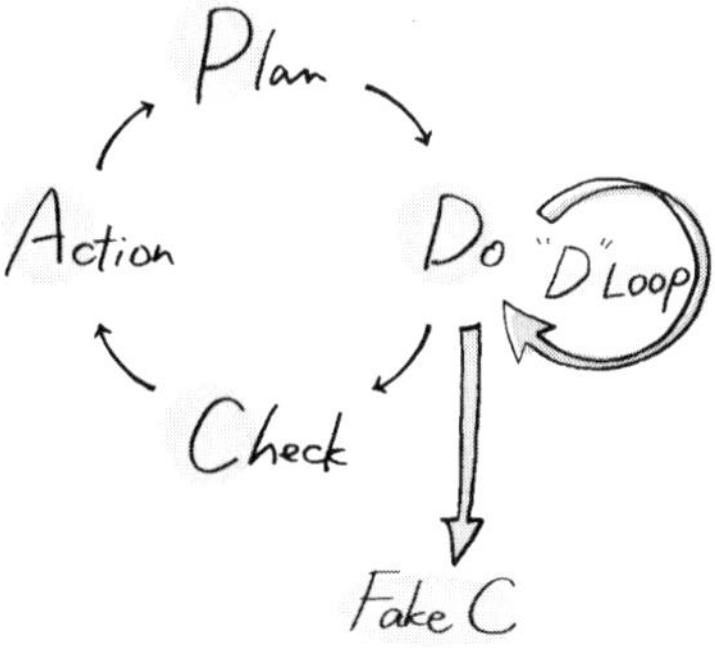

いいところを見つけ、自分で自分を褒めるのも、大事なことです。

けれど、よくよく俯瞰してみたら、1の成功に対し、実は9の失敗があったりするわけです。

「**ほとんどダメだったけど、1個はウマくいったんだから、よかったよかった!**」ってそんなノンキな。

それはいただけません。評価として、**フェイク**です。

「いいところ探し」は、やる気を保つためのケアとして必要な場面もありますが、度を越したポジティブは、自分を過大評価しているだけ。ジブンスキャンとしても失敗です。

たとえばウマくいったときでも、1回目の成功は、褒められてもいいでしょうが、勝ち続けた喜びに浸るだけでなく、**「勝てていない」**部分に目を向ける日がこなければなりません。

「できていないところ」を分析すれば、「勝ちグセ」を支える筋力と思考力は、磨かれていきます。

「本塁打王にはなれたけど、チャンスで打てないときは、たくさんあった。なぜだろう？」と、さらに自問自答できる打者が、本当の一流バッターになれる、という話ですね。

できないところを直視するのは、誰だってツラいことです。

だけどそれをしないかぎり、できないところはいつまでもできないままで、同じような失敗の連鎖を、止められない。CがフェイクならAはNothing、Aが存在しないのに立てるプランはFuzzy P（あいまいなプラン）。もうこうなると、なんのことやら、**PDCA**

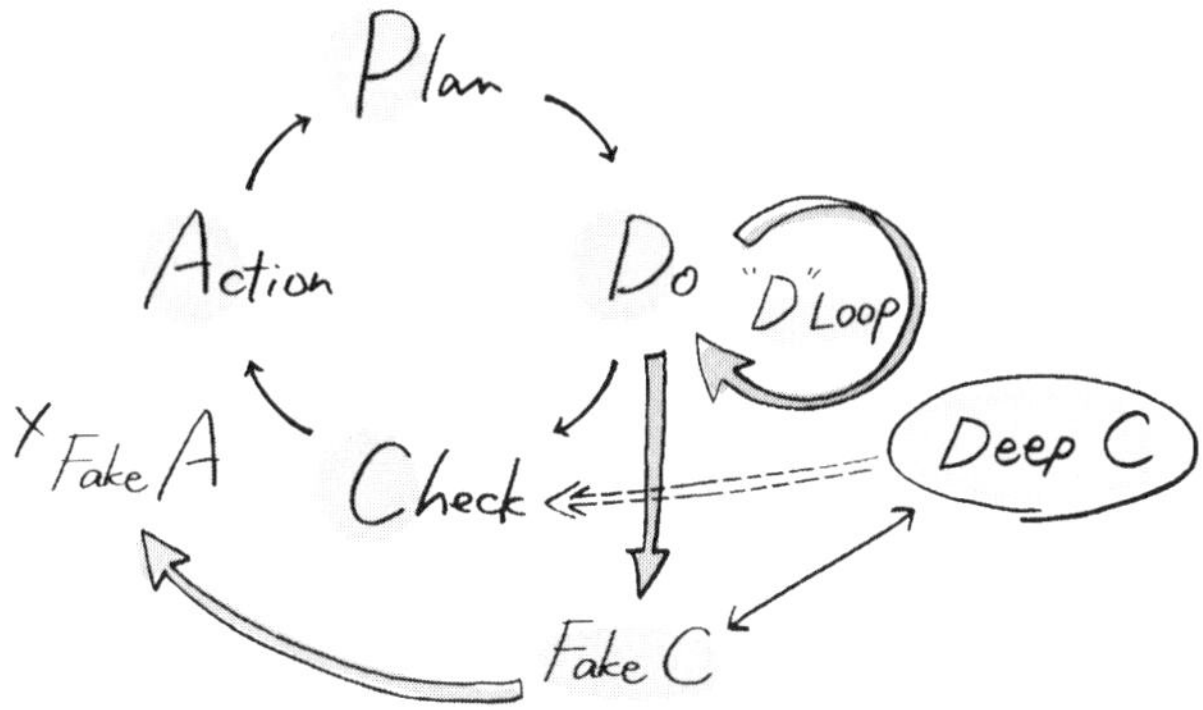

サイクルの妄想回転が始まります。

人が成長していくためには、フェイクCではなく、痛みを伴った評価＝リアルCをしていきましょう。**「できないことを認める勇気！」**です。

で、棒に当たった後どうする？

リアルCができるようになると、**「ディープC」**が可能になります。

さらに高い次元の成長へつながる、自己への深い、振り返りです。

「あなたは何者？」が永遠の問いだと言ったように、自分自身を徹底的に掘り下げて、深い部分での評価ができるようになると、トラブルや逆境に負けない思考力や対応力が、養われます。

弱点を認めることができれば「失敗は恥ずかしくない！」「次につなげればいいんだ！」という、本当の意味での強いメンタル、マインドセットができます。

「犬も歩けば棒に当たる」ってことわざがありますね。

『広辞苑』を見てみると、「物事を行う者は、時に禍いにあう」という戒めの意味と、「やってみると思わぬ幸いにあう」という、まったく反対の意味が共存しているところが、このことわざのおもしろいところです。

まぁどちらの意味でもいいんですけど、個人的には**「で、棒に当たった後どうする？」**と聞きたいのです。

「当たっちゃった」とか「痛かったー」って終わるのではなく、せっかく手にしたその棒を、いかにして使うかが、大事ではないでしょうか。

ボクは、それを武器にしてほしいと思います。

……って、それで叩くとかそんな、物騒な使い方じゃもちろんありません。

思いがけなく棒に当たった＝失敗、を分析し「なんで当たってしまったのか？」を正しく振り返れば、棒はただの棒きれから、次の一歩を踏み出すときにトラブルやストレスと戦える、「**黄金の杖**」になるのです。

その棒が「幸運」だった場合もそう。「いやー、よかったラッキー」じゃなくて、棒に当たった場面を分析して、またその幸運に巡り合うためのサンプルにしてください。

武器を使って、新しいActionを起こせばいいのです。

リアルCとディープCができれば、**質の高いAction**は自然に生まれます。

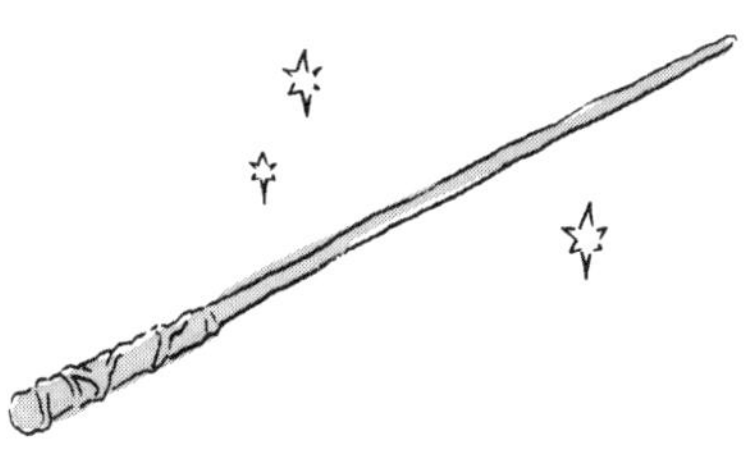

そうすればさらにワクワクする、**新たなPlan**も湧き上がるでしょう。
これが、ボクと子どもたちが導き出したPDCAサイクルのゴールデンモデルです。

「ごめんねー」「いいよー」はキケン

悪気はないのでしょうが、子どもをCheckができない、物事の本質を振り返れないように、教師の側が育ててしまっていることがあります。

子ども同士のケンカの対応はたしかに超難しい。
状況によるし、これで大正解！　っていう答えがなかなか出しづらいのは事実です。
ただ、学校にはナゾの**「ごめんね」＆「いいよ」の定型文**の文化があります。
これだけは本当にナゾ。
ほら、子どもの頃に見たことありませんでしたか？
なんなら、言わされたことありません？

「ごめんね」

「ほら、○○ちゃん謝ってるよ」

「いいよー」

「はい、握手して」


教師が登場してきて交渉をまとめてしまう。

ここでキレたり泣いたりすると先生に怒られそうだから、なぜか謝られた子、ヒガイを被った側が気を遣って「いいよー」って返事するのですが、たいてい表情が暗い。

「ごめんね」「いいよ」ってそんな安易に使っていい文法じゃありません。

「いやいやいや、おまえそれホントに『いいよ』って思って言ってんのか？　ゆるせないときはゆるせないって言っていいんだぞ。思ってることあるなら言わないと、こんなことしてたって意味ないだろ」

目の前のことから目を背けないでほしいから、ボクはそう言います。これでモメゴトをひっかきまわしてるとか誰かから言われるなら、別にもうそれでいいです。

モメちゃった以上、「ごめんね」には、「①**ゆるす**」か「②**ゆるさない**」か「③**（とりあえず謝罪の気持ちは）わかった**」の三択しかないんです。それを決めるのは、謝られた子。「謝ってるんだから、ね。もうゆるさないとだめだよ」って、子どもをナメるにもほどがあります。なんにも解決してません。

「争え」って言ってるわけじゃなくて、もうモメちゃった事実は変えられないんですから、フタをして隠さず、とことん話し合って、お互いにとって最良の選択を冷静に探るべきだという話です。

謝っている子の方も、反省の機会を奪われます。

「謝ってえらかったねー」「ゆるせてえらかったねー」。要するに、これフェイクCなんです。そういう人になっちゃいけません。

もう転ばない子のＰＤＣＡ

昼休み。

毎日交換してる日記に、こんなことを書いてきた1年生がいました。

「校門で転んでしまったので、ＰＤＣＡしました」

登校するときに、どうして自分が転んでしまったのか。
その子なりにＰＤＣＡサイクルで、改善策を考えてみたそうです。
それはおもしろい。ニヤニヤしながら日記を読み始めました。

登校する＝Plan、校門をくぐる＝Doの後、Checkの段階で、いくつかの検証結果が出てきました。

「走っていたので、転びやすかった」
「ランドセルを背負っているのでバランスがくずれやすい」
「友達や警備員さんにあいさつして、気がそれる」
「校門は段差があるので転びやすい」

お見事です。

素晴らしいリアルCだと思います。

校門の段差に気づいたというのが、特に素敵です。

自分のことだけでなく、周囲にも目が届いた証拠であり、おそらく今後は、自分以外の転びそうな子のことも助けられるような、**対応力のあるディープC**になっています。

そして、この子は「登校中に多少は走ってきたとしても、校門をくぐるときは危ないと覚えておく」という、立派なActionを導き出しました。

ただ単に「転ばないよう**ちゃんと**気をつける」という結論を出していたら、たぶんまた転んでいたでしょう。それだとDループです。

PDCAサイクルを頭のなかで回し、適切な自己改善をできるようになった、お手本のような例といえますね。

前例踏襲のワナ

6歳がこれだけクオリティの高いリアルCができるのだから、ボクたち大人ならみんなできるはずなんです。

だけど、きっと社会に出たら多くの場で、フェイクCが行われていることに気づくでしょう。

ボクも、年々気をつけているところですが、歳をとってくると怖いのは、無自覚に「前と同じやり方で」「オレたちの若い頃は……」なんて言って、改善や新しい試みを拒んで、当たり前のように**Dルーパー**（Dループになっている人）になることを推奨しだすこと。

それでフェイクCを行い、**なんだかがんばった気になっている**のです。

フェイクCをリアルCだと勘違いしているってことですね。

前例のいいところだけを見て、より高いレベルへの改善を加えずに、前例踏襲の成果を出すことで満足してしまう……大きな損失をだしてるわけではないからまぁいいのか、ってダマされないでください。進歩できていませんから、いつかダメになります。

この本ではずっと、年配の人にシビアなことを言っているようですが、それはボクもおっさんだからです。こっちから気をつけていないと、なかなか気づくきっかけがないんです。注意してくれる人もだんだん少なくなってくる。

だから、前例の短所に目を向けずに、ただただ踏襲しようとしているおっさんがいたら、**それフェイクですよ**って、極力教えてあげてください（まぁ、実際はそんなことムズかしいか、笑）。

陰口言ってる場合じゃない

だけど、上司に対して飲み屋で「ムカつく！」ってくだを巻いていても、それもまたフェイクC。

よくよく聞いてみると、もちろんときには上司の言い分の方が正しかったり、若い方が未熟で、「みてみて」をふりかざしているだけなんて場合もあるわけですね。まぁ、若いときはそんなこともあります。

個別の事例はさまざまなので一概にはいえませんが、とりあえず、陰口はたいていの場合、わかりやすくフェイクC。

まずもって**自らの短所を振り返られる人**に、真実はその姿を見せてくれます。

リアルとフェイク

さて、まとめましょう。

フェイクC＝自分の見たいところしか評価していないC

自分の見たい情報だけを見て、自分のやりたい振り返りを、くり返しています。

自分のできていない、触れたくないところは、見ない。痛いところを触らずに、避けています。

「ああ、いい振り返りができた！」「自分のいいところがわかった！」って、うれしい気持ちでホクホク終わる自己評価はだいたいフェイクですから、気持ちいいときこそ「いやいや、ちょっと待て」と立ち止まってください。

リアルC＝自分の嫌なところ、短所などに気がつけるC

ハードではありますが、嫌なところを直視することで、必ず改善点は見つかります。保証します。

マンガ『スラムダンク』（集英社）のなかで、安西先生が言います。

「下手糞の上級者への道のりは己が下手さを知りて一歩目」。

自分の責任を引き受け、ダメなところを、つかみとる。

そんなのはふつうにしんどいんです。

ただしそのかわり、リアルCにはとびっきりのごほうびも待っていますよ。

短所を発見すると同時に、**新しい長所も発見できるのがリアルC**なんです。

校門で転んじゃったあの子は、注意力が散漫だった自分と、向き合うことができました。

ふつうは、そんなことわざわざしたくないわけです。だけど、しっかり内省した。そのことによって得たものは大きい。
これまでは抜けていた「周囲への注意」をできるようになることで、周りの子にも配慮ができます。今後それはまぎれもなく、その子にとって「**あの人は周りが見えている**」という長所として育っていくのでしょう。

リアルCは**長所をも育みながら、対応力のあるディープCへ**。
ここが肝心。別にツラいことばっかりではありません。

ヘコんだらふくらむ

もうみなさん気づいていると思うんですけど、リアルCって、ジブンスキャン&タニンスキャンと、かなり親和性が高い行為です。
ジブンスキャンの**最難関で最重要**だったこと、覚えてますか？

そう、「**①　自分の『できないこと』を認め、向き合うこと**」。

もうこれなしには、うんともすんとも進まないのがわかってきたかと思います。

ビジネススキルのコアです。


それから、そうそう。自分は分析とか苦手なんだよなー、なにから振り返ればいいのか……って方。


「チーム」のロジック、一緒に考えましたよね。

たとえあなたが、最初のうちはちょっと分析が不得意であったとしても、会社に一人くらいは、観察や分析が得意な人はいますから。で、もれなくそういう人は出世していますから。どんどん頼ってください。


聞いてみればいいんです。

「あのとき、私どうでした?」って。

「あの仕事のとき、こういうミスしちゃったんですけど、オレのどこらへんがダメでした?」って。

厳しい言葉が返ってくるかもしれません。せっかく見つけた「いいところ」を、台なしにされるようなことを言われる可能性もあります。

多少はヘコむかもしれません。けどそれでいいのです。

ヘコんだらヘコんだ分、人は必ず、ふくらみ返せます。

ガッツリ叱られるのは幸せなことだと思って、他人の力を借りましょう。

転んでも泣かない

ＰＤＣＡサイクルを回していくのに、どうしてもくっついてくるのがリスクヘッジ、という作業です。どんなに優れたプランにも、必ずリスクは付きものだから。

個人的な実感でいえば、リスクヘッジの方法は、一つしかないでしょう。

まず、**リスクは、引き受ける！**

ストレス同様、そもそも完璧なリスクヘッジは無理なんです。リスクゼロなんて仕事は存在しません。
リスクはあるものだ、という前提で腹をくくって、エイヤッと、チャレンジするしかないわけですね。

なんとしてでもリスクを避けようとすると、ときとして無茶な案が出てきます。

ビジネスの例ではありませんが、たとえば学校の運動会で、こんなリスクヘッジが意見として挙がることになる。

「子どもたちがリレーで転んでケガをしないよう、校庭の小石を取り除こう」

もちろん、運動会での安全対策は必須です。校庭も、万全に整備をします。

ただし、転んだらケガをするのは当たり前。それに、校庭中の小石をつぶさに取り除き切るなんて、物理的には不可能でしょう?

リスクヘッジをするつもりで、事実上、無謀なプランを立てる……これは避けたいところです。

そんなわけでボクはまず「**転んでも泣かない**」作戦を立ててみました。
「リレーで転んだとしても、すぐに立ち上がって、次の人にバトンを渡せ！　バトンを渡したら、好きに泣いていいから！」

子どもに「絶対転ばないように**ちゃんと**走れ」なんていうのもまた無理があるのです。それより、転んだ後どうするか？　を教えるのが大人の役目であり、それに対処することで子どもは自ら、立ち上がり方を学ぶ。

リレー中は、近くで1年生をお世話してくれる6年生がいます。転んだ子がいたら、まずはみんなで傷をみてあげて、ひどければすぐに6年生の手を借りつつ、先生と一緒に保健室に連れて行こう、など協力する体制を整えて共有しておきます。

ケガ自体をしないための根源的な整備ではなく、ケガしたときに対処できる力をつける指導をする。そして、周辺にサポート体制をつくっておく。

これが、現実的なリスクヘッジではないかと思います。

どんなチャレンジにもリスクはあります。

逆に言うと、リスクのないチャレンジには、無用なDループを生むだけで、能力を高める機会はありません。

大きなリスクをあえてとる必要はありませんが、最低限のリスクは、常に覚悟してください。

ケガをするのを承知で、新たなチャレンジをやり続ける。当たり前すぎますが、それがビジネスの成果を上げる唯一の方法のように思います。


最大のリスクは、なんにもしないこと。


ケガもしない、成長もしない、前と同じことしかやらない……。多少、安全風に暮らすことはできますが、そういうのは、本当にツラいときや疲れちゃったときの有給休暇としてとっておきましょう。

ケガの治りが早い若いうちは、たくさんのリスクにさらされて、経験値を積みまくってください。

「犬も歩けば棒に当たる」の気持ちで、杖になりそうな棒を見つけに、まずは歩きだしてみましょう。

ジブンマーケティング

フェイクCではなくリアルCをくり返していると、広い視点が獲得できます。

数年前から、いろいろと本を書かせていただいています。最近は、沼田晶弘という書き手のマーケティングを考えて、制作するように心がけるようになりました。

どの本も全力で取り組んでいる自信はありますが、結果的に、売れる本もあれば、悔しいですがそこまでは売れない本もあります。

なぜこの差が出たのか？

全部、手塩にかけたかわいい自分の本だから、無条件に「いい本だよな〜」「がんばったよな〜」って思いたいところだけれど、多分過大評価ですから、そこは冷静に俯瞰してリアルCを行い、「こういう書き方の方が読者の役に立ったのかも」とか、反省を活かして次の本を書くように努めています。

今回の本のように、ビジネスパーソン向けに書いている本もあります。その場合、ボクが本来いるマーケットとはまた違うところのお客さんがターゲットなので、より悩ましくて、どう作ってどう売ればいいのか？　出版社と真剣に話し合い、売り方の戦略も練っていきます。

いいものをがんばって書けば自動的に売れる……とは、考えていません。それはごく一部のベストセラー作家にだけ許されていることでしょう。

発表する以上は、少しでも多くの読者の方に届けたい。だから、ボクなりに試行錯誤しながら、新しい本をつくります。

「ジブンマーケティング」を気にするようになって、以前よりもさらに仕事の依頼に感謝するようになりました。

昔から「きた球は打ち返す」がボクのモットーですが、「それは、ボクじゃなくてもいいんじゃないか……？」と感じる依頼を、正直、お断りしてしまったことがありました。

でも先方としては、ボクになんらかの需要が存在すると判断をした上で、依頼をしてくれたわけです。きっと有益ななにかを学べるはずだった。

いまではちょっぴり後悔しています。

他人からの需要を信じてみる

日本アロマ環境協会さんのご依頼で、全国のアロマインストラクターの方々にコーチング理論を教えることになりました。

家にはアロマジェルがいくつか置いてある程度で、そんな、華麗なものからは遠い生活を過ごしています。

な、なぜボクがアロマを……。昔ならお断りする案件だったかもしれません。

でもよくよくお話を聞いてみると、インストラクターの方々が、一般のアロマに詳しくない人たちに、アロマをどのように教えていくか、指導法のエッセンスを教えてほしいというのです。

なるほど、それはなんかおもしろそう！　とりあえず引き受けてみることにしました。

ご依頼がないかぎり、関わることのなかった分野でしょう。だけど、求められるかぎり、**とりあえず乗っかってみる**。

ボクという商品のマーケティングが一番正しくできているのは、実はボク自身じゃなくて、依頼してくださる企業の方、俯瞰して見ている**圧倒的他者**です。判断を信じてお引き受けするのみ。

結果として、そのマーケットに合ったボクの仕事が新しく拓《ひら》かれていくチャンスになるはずです。

だから、ジブンスキャンでたくさん分析するのも大事なのだけれど、他人からのお願いや需要には、とりあえずすすんで応えてみましょう。腰が重いのはもったいない。

ときとして自分の判断ではなく、他人の判断の方を**あえて信じてみる**。

それは、結局はジブンスキャンするときの助けになり、マーケティングのセンスを磨くことにもつながります。

あ、自分の意見を捨てればいい、ということではありませんよ。本当に嫌なことはする必要はないけれど。
「攻め」がウマい人というのは、たいてい「受け」もウマいって話です。
需要には応えましょう。
きた球は、「黄金の杖」を使って全力で打ち返す。
心配しなくても、期待には応えられますよ。
この本を閉じる頃には、勝手に努力したくなってくるはずだから。

成長のカギ

「リアルＣ」で黄金の杖を手に入れる！

①ファイナルゴールに絶対にこだわる
②痛みの伴う真のＰＤＣＡを行う

Theme 5.

one and only

「キミ」と時代

人生の当事者であれ

若い人たちのこと、とても尊敬しています。

ボクらなんかが若かった頃よりもはるかに進んだ情報化社会で、優れたテクノロジーとともに知識を使いこなしている。

ＳＮＳとともに、自己アピールだって上手になりました。

極端に引っ込み思案な人って、少なくなったように感じます。

黙っていたって相手に気持ちが伝わる「以心伝心」は、社会じゃ通用しないこと、みなさんは感覚的にもう知っている。

いまの日本を見ていると、これから先、自分の意見をはっきりと述べて、意思表示しなくてはいけない場や機会はさらに多くなるでしょうし、そのかわり他人の意見も、いま以上に冷静に聞いて、**「ケンカ」じゃなくて「対話」**ができるようにならないといけない。

いまの若い人の、最大にいいところは**「古きよき日本」「古き悪しき日本」を知らないこと**です。

価値ある「よき」の部分は、教えることもあっていいでしょうが、「古き悪しき」の常識にとらわれていないのは、いまの若い人たちの大きなアドバンテージです。自信をもってください。

ボクより上の世代などは、「日本人はかくあるべし！」というナゾの因習みたいなものに強くとらわれていました。

たとえば「男子厨房に入らず」がまかりとおり、男は仕事・女は家庭と、家庭内での役割を固定するのが当たり前のことでした。

ボクのタンニンしている子どもたちに、その時代の話をすると、非常に驚かれます。「ええー、うそ！　なんで」「うちのパパはすごい家事をやるよ！」と、口々に言います。いまの子どもたちは、男は仕事・女は家庭の「古き悪しき」常識から、すっかり解き放たれているのです。

父親がごはんを作ったり風呂掃除したりするのは当然ですし、母親がバリバリ外で働いて稼いでくるのも、別にふつう。

もちろん、逆なら逆でそれもいいし、そもそも家庭環境自体が非常に多種多様です。

要するに、みんなが各々スタイルを選び取って生活している。それでいいんです。「この人は絶対的にこの役割」なんて環境下で、いまの子どもたちは生きてはいないし、もうそんなふうに生きなくていい。

若い子たちは、時代に合った教育環境で、古い常識にとらわれず、すくすく育っていきます。ボクよりずっと、思考の柔軟さとポテンシャルを兼ね備えている。そんなこと、これだけ授業をして彼らを見ていたらわかります。

ボクは、彼らが背負っていく未来を、本当に楽しみにしてるんです。

だからこそ、一緒に考えておきたかったことを、この本に書いてきたつもりです。

楽しみだけど、そう楽観的でいられるほど、もうこれからの社会は甘いもんでもないから。お客さま意識からは卒業して、「待ち」の姿勢はやめないと。

自分で考えなくても、手のなかのスマホに、ものすごい量の情報が勝手に降って落ちてくることに慣れてしまっていたらダメだ。

「棒」にすら当たれないような人生にしてはいけない。

そして当たったその棒も、**黄金に磨き上げられるかは自分次第**。

ここまでの道のりで、みなさんとは信頼関係もできてきたと思っているから、もう、ホントのことをハッキリ言いましょう。

あなたに関心のある人は、滅多にいません。

じっとしているだけでは、ストレスも悩みもみてみて欲も、だーれも解決してくれないのです。

人生の当事者であれ。

いかなる物事も、あなたが動かすんです。

フェイクのライバル

みんなが輝けるチャンスがとっても増えてきました。

これは本当に喜ばしい。

TikTokやInstagram、Twitterなどで発信能力が高い、一般の10代の女の子が、大変なブランド力をもったSNSスターとして有名になることも増えてきた。

子どもたちに大人気のYouTuberは、ふつうの人でも工夫次第で、すぐに有名になれる（ように見える）、現代ビジネスの象徴ともいえる職業でしょう。

そして近年は、テレビ番組や音楽、ビジネスの世界で「勝つ」ことができたスターたちが、SNSを頻繁に利用しています。

彼らの活躍や言葉が、なんのフィルターも通さずに、手元のスマホで直接受け取ることができる。

スターが身近になるのはうれしいものです。エンターテイメントとしても楽しいし、ボクもよく勇気づけられています。

けれど、その身近さゆえに「このくらいなら自分もなれるかも？」「このくらいならたいしたことない」と、錯覚してしまいやすくなったのもまた、たしかでしょう。

何度でも言いますけど。

「ジブンスキャン」してください。

「タニンスキャン」してください。

なにかでスターになる人は、気の遠くなるような過酷な勝負と競争を生き抜いて、見ず知らずの人からの理不尽な罵詈雑言も受け入れて、やっと「勝つ」ことができています。だけど、そういう裏の血のにじむような努力のこと、夢を売るスターは、スターだからあんまり教えてくれないんです。

そのキラキラした表面の裏側を、おしなべて壮絶でドロドロした現実を、覗き込む勇気なくして、あなたがいきなり人気のオンラインサロンオーナーになることはできないし、クラウドファンディングで１００万円を集めることはできません。目を覚ましてください。

目標にするのはいいんです。ただ、そうカンタンには、同じラインには立てません。ネットにいるフェイクのライバルじゃなく、現実に競争できる「**たしかにそこにいる**」リアルなライバル。

これを見つけられるかが、あなたが着実に上を目指せるかの大きな試金石でしょう。

AI＝過去マインド界の神？

いよいよ本格的なAI社会が始まろうとしています。分野によっては、すでにAI技術の導入は進み、大幅な人員削減も行われています。

「いまある仕事の大部分がAIにとって代わられる」。もううんざりするほど、耳にしていますよね。

AIってそもそも、そんな労働者から仕事を奪い続ける、モンスターなのか？　その議論はさておき、ビジネスの世界では「AIに代用されない社会人像」が問われています。

AIに代用されない社会人像とは？

その答えをシンプルに。

「**人間にしかできないことを考え、工夫してよりよい道を探していける人**」です。

詳しいわけではありませんが、ＡＩって膨大な過去のデータを恐るべきスピードで処理し、いまあるテクノロジーの性能を上げたり、その都度の課題解決をしている。

無数の過去を合体させて、「いま」を形づくることに向いている。

言うなれば、過去から「いま」をつくり出しているのであって、未来を創造するツールではないとボクは思っています。


驚異的な蓄積から最適解を見つける。

たしかに、その能力に、生身の人間が対抗するのは無理がある。

いわば、ＡＩとは「**過去マインド界の神**」なのです。


幸運にも、その神様が不得意なのは、「いま」のなかから課題を見つけて、未来に向けた新しいなにかをクリエイトすること。

そう、「**現在から未来をつくること**」こそ、ボクたち人間にできることです。


「いまの状況をもとに、これからどうすればいいのか？」

「なにをしたら、より楽しめるのか？」


未来をつくれるのは、人間だけ。

逆に言うなら、過去マインドで生きている人間は、たちまちＡＩの圧倒的な性能に飲みこまれてしまいます。


必ずしもデータに基づかない、柔軟な発想、ふとした思いつき、根拠のない自信、仲間との友情で、未来を想像しながら新しいことをやる。

そのような人材が、ＡＩに代用されない人だと、ボクは思います。

ロボットとの生活にまつわるいくつかの考察

さて。

ところでボクのこの仕事は、ＡＩに代用されるんですかねぇ。

どうなんでしょう。ちょっとニヤニヤしてしまいます。

やってみな、と。

これは別に、タカをくくっているわけではなくて、「ものを教える」↓「教わったことを活かす」という循環は、個々の特質や不測の状況があまりにも多いので、単純に、ＡＩにはすぐには向かないんじゃないかな、と予想します。ノーテンキでしょうか？

そもそも「優れた教育」の絶対的定義なんていまだにないのに、ＡＩだけが「優れた教師」になれるとも思えません。

ボクをいい先生だと言う人もいれば、あんなの邪道だと言う人もいます。「優れた教育」。結局、それってなんなのでしょう？　教育って、教師がなにを教えるかではなく、子どもがなにを学ぶかなのだと思います。

ただ、物理的にタブレットなどが教室にいま以上に普及すれば、子どもが自ら学ぶことで教師の人手や作業量はぐっと減る、ということは長期的に見ればそれは、あるでしょう。

有名講師の精度の高い授業や質問の受け答えなど、最低限の学習はタブレットで処理ができるといえばできるかもしれない（これもまた個々のケースによるでしょうが）。その分、人間の教師は、いよいよ子どもたちとの**対話で学習を深層まで掘り下げたり、**よりクリエイティブな教育にのめりこむための**アイディアを考えたり、**もっと彼らが学習に時間を割けるようになる。

そういう未来なら、まったくもって大歓迎です。

ホテルのスタッフも、いずれＡＩロボットに入れ替わるのではないかと聞いたことがありますが、ボクはそう思いません。お客さんの不意のトラブルやオーダーに対して、臨機応変に対応する能力は、絶対に人間の方が優れています。

極端なたとえですが「部屋で子どもが生まれそう！」というとき、ＡＩロボットは、産婦人科医を手配したり、最も安全と判断される策をとるはずです。

しかし人間のスタッフなら、医者も呼ぶけれど、医者がくるまでスタッフを総動員させて、とりあえずお湯を沸かしたりタオルを運んだり、協力して部屋を産室《さんしつ》に変え、てんやわんやだけど、各々で考えられるアイディアをフル活用して、お産を手助けすると思います。

そして、こっから正念場！　な妊婦さんの手を握って、やさしく背中もさすってあげるのでしょう。

そういう**愛で動きだせるのが、人間ならではの美しさ**であり、ホテルに泊まるお客さんが求める、大事なホスピタリティの一つです。

スタッフが5人いたところを2人にして、AIロボットは優秀な従業員としてサポートに雇う、というのが、何百年後はともかくとしても、現実的に想像できるラインの未来かなぁ、と素朴に想像します。

人間の仕事を無慈悲に奪うモンスターとまで憂う必要ないんじゃないですか。

だいいち、計算能力だけで言ったら、電卓が現れたときにもう人間は完膚なきまでにボロ負けしているんですから。

でも、その電卓を使って事務仕事が革命的に進んだように、ツールとして使いこなす道を模索していくのが、ボクたち人間に課せられた新しい使命だろうと思います。

「一つじゃない」から、いい

テクノロジーの進化と同時に、グローバリズムの波も一気に押し寄せています。大なり小なり「世界と、どう仕事していくのか？」という問いと、これからは向き合わざるを得ない。

若い頃、アメリカで学びました。ガッツリ異国で生活していたからこそ、日本のよさも、ボクなりに、分かっているつもりでいます。

日本は、本来「多様性」を受け入れられる国だと、ボクは言いたいし、少なくともそう信じたい。

これまで、世界中の文化や考え方を、吸収してきました。

日本という国は、いい意味で「ごった煮」のような文化で育まれてきたとボクは思っています。

宗教も本当に多様です。キリスト教やイスラム教や仏教や神道が、こんなに普通に共存している国は、世界にほとんどないでしょう。

あるいはセブンイレブンの隣にローソンが建って、ハイブランドのビルの隣に安いドラッグストアができていたりもします。

「グローバリズム」の枠じゃないところは、大きな事象を、シンプルワードにまとめがちなところです。アメリカなら「自由の国！」みたいに。

一つの国を表現するのは、そんなカンタンな話じゃないでしょうに。

日本はこの「ごった煮」感を、「ひと言で説明できなさ」感を、「いろいろ」感を、もっと、これこそ柔軟性という長所なんだ、と自信をもってもいいと思う。

「一つじゃないよ！」と態度表明することも、グローバリズムを生きていく日本人のオリジナルな姿勢なのではないでしょうか。

「かくあるべき」論では、対話が進みません。

いったん、スマホを閉じましょう。

自分の思考をいまこそ取り戻し、冷静に世界を見つめてください。

グローバル社会で生きる、若い世代に求められる資質は、柔軟性と対応力です。

「一つじゃない」文化で育ったあなたには、その力があります。

自信をもって、世界へ。

令和、突入

令和時代に突入しました。

「スーパーポジティブ」がとり柄《え》のボクでも、ちょっとナーバスなことを言っておきますが、これからも、社会は混迷をきわめていくと思います。

だいたい、それでなくても、社会に出るっていうだけで、ふつうは大パニックです。もう、とりあえず、よくここまで無事に育ってきてくれたよ、って、みなさんの肩を叩いてまわりたいくらい（笑）。

小学校で子どもたちを教えてきて、「**こういう人なら大丈夫。やっていける**」という基準は、いくつか提示できます。

ここまでのこの本のポイントをおさらいする意味でも、まとめておきましょう。

- **満たし「切れなさ」を受け入れる人**
- **客電をON！にできる人**
- **ジブンをスキャンできる人**
- **タニンをスキャンできる人**
- **できないことに気づける人**

・できることに感謝する人
・「現在」に軸足を置く人
・「お客さま」でいない人
・ゴールにこだわる人
・リアルCができる人

学校も、会社も、人に支えられ、人と共に営まれている点は、同じです。
勉強も、ビジネスも、努力なくして成果を得られない点は、同じです。
だから、この**10の成長のカギ**を、子どもも大人も関係なくボクたちは、いつもポケットに忍ばせておきましょう。

それから、これだけは言っておかなきゃ。

「**他人のせいにしない人**」です。

結果が芳しくなかったときに、子どもたちはときおり「時間がなかった」「○○くんがうるさかった」なんて、自分以外の外部に、原因があるようなことを言うときがあります。


ちがうちがう。

ちがうよ、それは振り返りができてない。


何十歩か、いや何百歩か譲って、仮に、自分以外の誰かの責任なのだとしたら、**だから どうしたって言うんでしょう？**

その他人が、自分の人生の面倒をみてくれるの？

他人に自分の人生を決められることに、ムカつかないの？


「〜のせい」症候群にはならないで。

「会社のせい」「上司のせい」「不景気のせい」「政治のせい」。

それを言って安心できるならまだしも、たいていイライラコップにイライラが溜まるだけ。前向きなアイディアはなに一つ生まれません。

第3章でボクは、ストレスを利用してやれ、と言いました。

縛りが邪魔なら、その縛りを利用すればいいのです。


ボクたちの教室で巻き起こるワクワクは、学校内での「これはやっちゃいけない」という縛りを利用している部分が多い。

掃除中に音楽は流さなかった。

教室でダンスはしなかった。

だけど、ダンシング掃除は、「掃除なんかやめちまえー！」なんて、現状の教育の枠組みそれ自体を破壊するような行為ではありませんでした。


基本的にボクは、諦めが悪いのです。

それはダメ、これもダメと言われたら、**じゃあどうしたらOKになるんだろう⁉**って、やる気に火がついてしまう。何事も、「できない」理由を見つけるのはカンタン。「できる」工夫をすることがマストです。それで、ぽんっと出たアイディアで、子どもたちが予想以上の成長を見せてくれる。

「他人のせい」「社会のせい」にしたい状況なんて、生きていたらいくらでもあるでしょう。その気持ちもわかります。そりゃあ、わかるんです、ボクにだって。

でも、それを憎むのではなく、ウマくワクワクのために利用して、成長の糧にする。

そういう人なら大丈夫。やっていける。

one and only

only oneからone and onlyへ

２００３年にリリースされたＳＭＡＰ『世界に一つだけの花』。

先ほど話したとおり、ふと思いつきで言った「踊って！」から、ボクのクラスではもう当たり前となったダンシング掃除が始まった、思い出の一曲です。

子どもたちと、たくさん踊ったし、たくさん歌いました。

「NO.1にならなくてもいい　もともと特別なOnly one」の歌詞に、日本中が感動し、それは一つのスタンダードの思想になったようにも思います。

日本でonly oneは一般的に「一つだけ」「唯一」の意味で使われます。

だけど厳密にいえば、theがあるかないかでニュアンスが変わる。

You are the only one for me. なら、(私にとってあなたは唯一の存在よ)という具合に、特別な人、という感じ。

つまり、「オンリーワン」とだけよく使われますけど、実はそれだけだとシンプルで、物理的に、「一つ」というニュアンスになるそうです。

歌詞もほら、only oneの前にわざわざ「特別な」ってついているでしょう?

作者の意図はボクにはわかりませんが、「特別な」があることで、「一つ」が現に強調された表現になっていると思います。


英語で、「特別な」only oneなんだよって言いたいときは、theをつけたり、あとはそう、**one and only**っていう表現を使います。

one andとつけることで、only(だけ)を強調している。

one(一つ)and(そして)only(それだけ)。

すなわち、「たった一つ」「唯一」「他に類のない」**唯一無二**、ということです。

みんなが憧れるスーパースターなどに対して「無敵の」とか「比類なき」みたいなテン

ションでも、使ったりしますね。ニュアンスで申し訳ないですが、the only oneより、さらに獲りに行く感じ。もう、超オンリーですよ！　みたいな。

本書を読んできたみなさんはもう気づいているかもしれません。


どうもボクが言っていることの中身には、二つのことがいつも共存しているみたい。

ファイナルゴールを目指して、常により上へと成長し続けること。

お互いのことを、それぞれ個性のちがう人として認め合い、補完し合うこと。


思えば生きることとは、いつもこの「**攻め**」と「**守り**」のせめぎ合いです。

つまり、より上を目指して成長し続けること、あくまでも「勝ち」と「結果」にこだわってファイナルゴールを確実に達成することは、決して、完璧な正六角形人間になって他者よりも強くなるのが素晴らしい、ということとイコールではない。

同時に、自分のできること・できないことを自覚しそういう自分を認め、チームでお互いに補完し合うことは、決して、現状のまま、自分の能力のまま満足してなんにもしなくていい、ということとイコールではありません。

両者は常に絶妙なバランスを保っていて、ピンと張り詰めているべきなのです。

どちらか一方に傾いてはいけない。

欲張りですが、**どっちの発想も大事！**　なのです。

そういった意味で、ボクは「もともと特別なOnly one」という、ちょっとほっこりする概念を、どこかでさらに「**もう一歩**」越えたい気持ちに駆られます。

第2章において、ボクは「得意なこと」と「やりたいこと」が、完全に相反するものだとはどうしても考えにくい、と書きました。両方をかけ合わせることで、仕事には、ハリが出てくるのではないか？　と。

素敵なことに、仕事も働き方も、本当に多様になってきました。

その分、この「かけ合わせ」、「得意」×「やりたい」のコラボレーションも、きっと何百、何千もの種類があり得るということです。

先ほど話したように、ＡＩ技術だってこれからもっともっと進化して、ボクたちはむしろそれらをツールとしてどう駆使して、新たな未来を創造していくかが問われている。

それはつまり、自分自身の力で新しいワクワクをつくり上げていく可能性が無限に拓かれているってこと。

これは当然、与えられた仕事をこなしてハイ終わり、いい成績をとっていればＯＫ、というお客さま的な生き方でいてはもうマズい、ということは明らかでしょう。

only oneが前提になったいま、この時代ほど、自由に多様にオリジナリティの追求ができる時代はないのです。

それはつまり、**あなたの「onlyさ」を、もっと際だたせる**ということ。

onlyにtheをつけるということ。

欲をいえば、theですらなくて、**one andをつける**ということ。

あなたが価値を生み出す当事者なのです。

たとえば、あなたが「得意なこと」と「やりたいこと」をかけ合わせて、新たな仕事や新たなサービスを生み出して、その道のパイオニアになるのかもしれない。

それはもう、誰とも比べられない、最高に「超オンリー」な状態。
だから、「比類なき」「無敵の」only oneを意識して、「**one and only**」という表現を、ボクはあえてこの時代だからこそ、こだわりをもって使いたいのです。

ボクたちのファイナルゴール

only oneを目指すことは、人生のファイナルゴールとはいえなさそうです。
なぜなら、誰もがすでにonly oneだから。

ゴール以前に、それは「大前提」なわけですね。

おそらくボクたちの真のファイナルゴールは、こう。

自分がなりたい、「自分史上最高の」one and onlyになること。

客電で相手を照らして、お互いにその存在を喜び合いながら、認め合うこと。
できないことを認め、できることには感謝し、仲間と補い合いながら生きること。
ストレスから身を守りながら、「それでも」立ち上がること。
まずは結果にこだわり、必ずそれを獲りに行くこと。
失敗を失敗で終わらせず、「リアルな」Cをすること。

なにはなくとも、まずはとにかく「ニコッ」と笑顔になること……。

この本で一緒に考えてきたことは全て、あなたが何千とある人生の選択肢の中から、どの道を選択した場合にも、他人や社会のせいにせず、唯一無二である自分に自信をもって生きていくために、成長し続けるための思考法だと信じています。

そして、ボクが毎日教室で子どもたちに教えているのも、やっぱりこれなんです。


つまり、教室での毎日の努力と成功体験、その素敵な「**世界一の**」オリジナルな思い出が、将来なんらかの壁にぶつかったとき、誰かのせいにせず、自力で立ち上がるときのエネルギーになってくれたら。

自分たちだけの「世界一」を、大切に心に秘めておいてくれたら。


自分が自分として生きていること。

あなたのそのオリジナリティに、まずは自信と責任を、もってほしいのです。


生きているだけで、誰もがonly one。

だからこそ、これからの社会では、そのポジションからどんな付加価値を自分でクリエイトし、ボクたち人間にしかできない未来をつくることができるのか？

そんなマインドにシフトしましょう。

"only one"を越えていけ――。

「自分史上最高の」自分、**one and only**を目指していくことができれば、ボクたちはもっともっとワクワク成長できるはず。

あなたが、あなたであることが、今日もかけがえない。

「そのままの自分」これは、誰からも否定されません。

だからこそ、そこからどう成長して、真のファイナルゴールをクリアしていくのか？

もう大人になった「キミ」に、ボクは最後にこの問いを出して、この本を終わりにしましょう。

これを解くチャレンジこそが、「自分がなりたい」one and onlyな自分をつくりあげ、人生をよりカラフルにしてくれるはずです。

この〝教科書〟を閉じた瞬間から、
そのチャレンジはスタートします。

さぁ、教室を出よう！
今日、なにする？

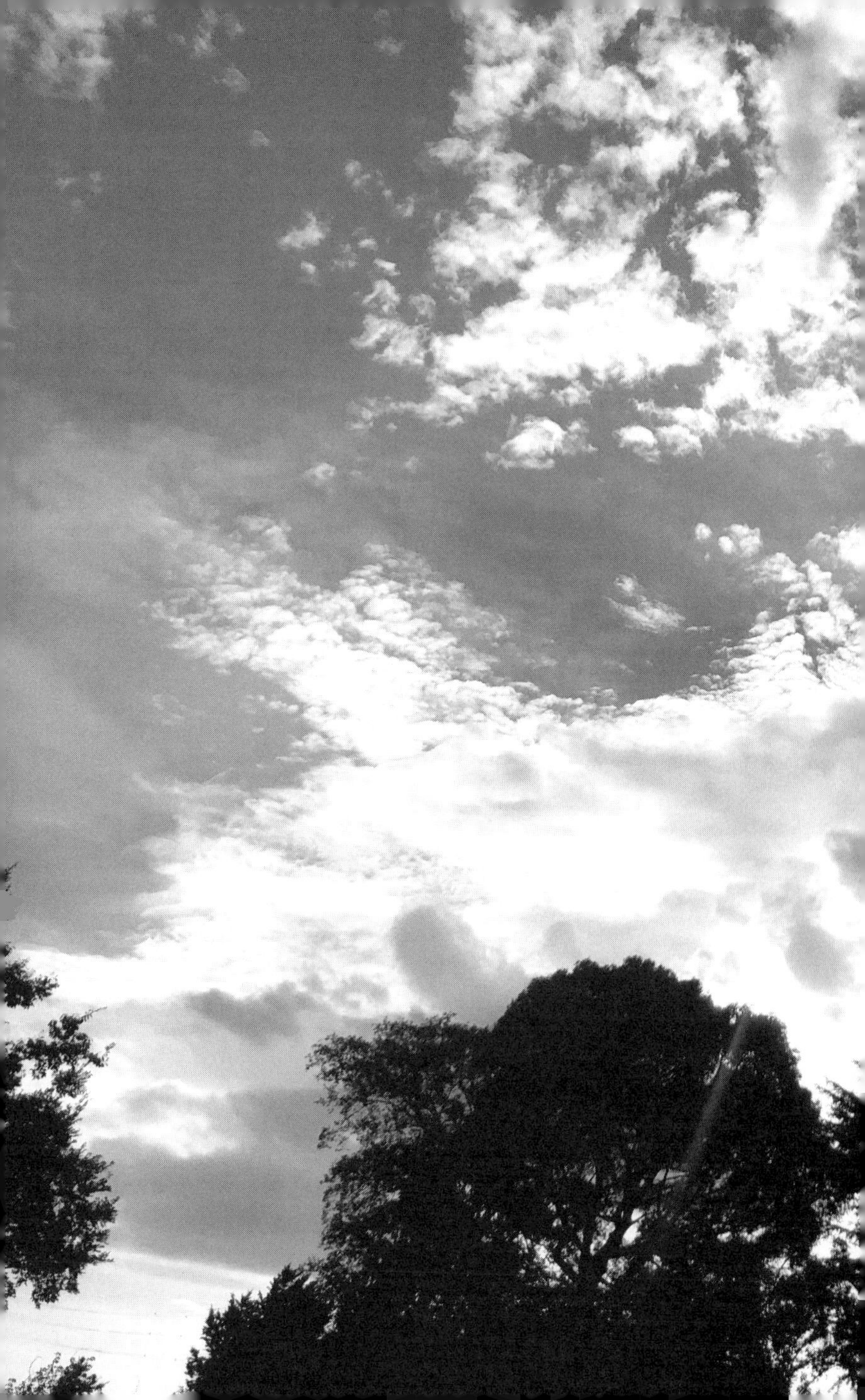

参考・引用文献

自著
・『「やる気」を引き出す黄金ルール―動く人を育てる35の戦略―』幻冬舎、2016年
・『ぬまっちのクラスが「世界一」の理由』中央公論新社、2016年
・『子どもが伸びる「声かけ」の正体』KADOKAWA、2016年
・『「変」なクラスが世界を変える！―ぬまっち先生と6年1組の挑戦―』中央公論新社、2017年
・『家でできる「自信が持てる子」の育て方』あさ出版、2018年

以上、沼田晶弘著

その他
・井上雅彦『SLAM DUNK #22』集英社、1994年
・栗田正行『できる教師のPDCA思考―クラスをまとめる「黄金サイクル」を身に付ける―』東洋館出版社、2018年

・フランク・ゴーブル著、小口忠彦監訳『マズローの心理学』産業能率短期大学出版部、1972年
・佐々木圭一『伝え方が9割』ダイヤモンド社、2013年
・坪田信貴『学年ビリのギャルが1年で偏差値を40上げて慶應大学に現役合格した話』（角川文庫）KADOKAWA、2015年
・中野明『マズロー心理学入門―人間性心理学の源流を求めて―』アルテ、2016年
・新村出編『広辞苑　第7版　机上版　あ―そ、た―ん』岩波書店、2018年
・A・H・マズロー著、小口忠彦監訳『人間性の心理学』産業能率短期大学出版部、1971年

沼田晶弘

Numata Akihiro

国立大学法人東京学芸大学附属世田谷小学校教諭
1975年東京生まれ。東京学芸大学教育学部卒業後、アメリカ・インディアナ州立ボールステイト大学大学院で学び、インディアナ州マンシー市名誉市民賞を受賞。スポーツ経営学の修士を修了後、同大学職員などを経て、2006年から現職。児童の自主性・自立性を引き出す斬新でユニークな授業が読売新聞「教育ルネッサンス」に取り上げられて話題になり、近年では、日本テレビ『news zero』やフジテレビ『ノンストップ！』で特集をされる。教育関係のイベント企画を多数実施するほか、企業向けにやる気・意欲を引き出す声かけや、リーダーシップ、コーチング、信頼関係構築などの講演も精力的に行っている。学校図書生活科教科書著者を務める。著書に、『「やる気」を引き出す黄金ルール』(幻冬社)『ぬまっちのクラスが「世界一」の理由』(中央公論新社)『「変」なクラスが世界を変える！』(中央公論新社)『家でできる「自信が持てる子」の育て方』(あさ出版)『自由研究できたえる!! ホンモノの考察力』(イースト・プレス、監修)など多数。

デザイン	水戸部功
イラスト	赤川ちかこ
写真	沼田晶弘
構成	浅野智哉
編集	河合麻衣（東洋館出版社）
編集協力	佐伯葉子
	佐藤航太
	杉森尚貴（東洋館出版社）
	鈴木佑依子
組版	彦部理恵子（岩岡印刷）

Special thanks
本書の製作に当たっては、Twitterで募集した読者の方に刊行前のゲラをお読みいただいて得たご意見・ご感想をもとに内容をブラッシュアップいたしました。
編集にご協力いただきましたこと、心より御礼申し上げます。
蔵下智輝 @k98t_
…and ご応募いただいたみなさま

“世界一のクラス”のみんな
初代 Be Cool、Company　2代目 Brave、Brilliant　3代目 もも
4代目 Action、Attraction　5代目 Reflect、Bright
6代目 Discover、Motto! Discover　7代目 One　8代目 Penetrate

one and only
自分史上最高になる

2019（令和元）年10月7日　初版第1刷発行

Author　沼田晶弘
Publisher　錦織圭之介
Publication　株式会社東洋館出版社
〒113-0021
東京都文京区本駒込5丁目16番7号
営業部　TEL：03-3823-9206
FAX：03-3823-9208
編集部　TEL：03-3823-9207
FAX：03-3823-9209
振　替　00180-7-96823
U R L　http://www.toyokan.co.jp
DTP/Printing　岩岡印刷株式会社

ISBN978-4-491-03752-3
Printed in Japan